서울, 지하철역에서 나를 만나다

서울의 지하철역에서 바라본 일상

김서정, 수이빈, 온아
이경란, 최은수, 최훈

목차

6   지하철역마다, 인연

24   서울 지하철역에서 삶의 조각 찾기

44   우리는 지하철역과 함께 성장하고 있다

66   칵테일 이모션

86   지하철 타고, 인생도 돌아보고

98   레트로 서브웨이

지하철역마다, 인연

수이빈

긴 생각을 짧게 끄적이길 좋아하며 삶을 글로 풀어 쓰려고 노력 중인 사람.

나의 서울살이는 10년으로 끝이 났다. 멀리 저 지방까지는 아니지만 그래도 멀어진 도시가 아득하기만 하다. 흘러온 세월 속에 돌아보면 서울은 나에게 청춘 그 자체가 되어 있었다. 타지, 이 차가운 단어에도 내가 따스함을 느끼는 건, 잠깐 떠올리다 이내 그칠 그런 생각들 말고, 인생의 일부를 함께한 이들에 대한 생각이 녹아있기 때문일 터이다. 이곳저곳에서 어김없이 나타나 준 인연들, 우린 여기가 아니었어도 만났을 테지만 하필이면 그곳이 서울이었고 나는 그들을 만나기 위해 지하철에 몸을 실었었다.

 멈춰서는 역마다 떠오르는 사람들아, 오래도록 내 마음속에 머무는 당신들도 나와의 기억이 문득 떠올릴 때가 있을까.

고향에서 서울까지 이어진 인연

#종로3가역

　소주 한 잔이 생각날 때, 종로로 나오라는 친구의 전화가 참 반가운 날이 있었다. 나는 이미 나온 산책길을 마무리하고 종로3가로 향했다. 친구를 만날 생각으로 들뜬 내 마음만큼이나 일을 마치거나 학원을 마치고 나온 많은 인파가 종각과 종로의 길거리마다 북적였다. 종로의 화려한 밤이 시작되면 낙원상가의 뒷거리에는 상대적으로 고요한 밤이 찾아온다. 그날도 마찬가지였다. 한때는 만남마다 시끌벅적한 피아노 거리를 헤매기도 하였던 젊은 청춘 둘이었건만 나이를 조금씩 먹더니 번잡한 것이 싫어지고 이제는 너와 나의 이야기에 귀 기울이기만도 바쁜 밤이 되어 있었다. 친구의 전화에 달려 나간 우리들만의 종로는 그래서 낙원상가 근처가 되었다. 맛있는 음식보다는 그날그날 느낌대로 은은한 분위기를 가진 작은 술집을 찾아 이내 먼저 와서 마시고 있던 사람보다 더 이곳에 어울리는 사람으로 탈바꿈해나갔다.

고향 친구와의 술 한 잔은 역시 달랐다. 누가 들으면 치졸하다 할 법한 작은 속내도 내보일 수 있었으니, 서론도 길고 본론도 길고 결론은 끝내 눈물이었다. 속상하다는 이야기를 이렇게 길게 들어 줄 수 있는 사람이 너와 나 말고 또 누가 있을까. 세삼 더 소중해지는 인연이었다. 두런두런 이어지는 이야기에 술잔이 잘도 비워졌다. 왕년의 이야기도 한 번씩 한 듯한데 우리는 여전히 갈증이 났다. 비워가는 술잔만큼 시시콜콜했던 안부는 어느새 고해성사로 변해갔고, 이내 두 여자의 목소리가 가게 안을 가득 메웠다. 술기운에 부끄러움도 없이 쏟아내고 들이붓고 한참을 반복했던 우리, 토해낸 울음 뒤에는 비로소 개운한 웃음이 찾아왔다.

#삼성역

1년을 넘게 준비한 시험에 낙방한 내가 지방의 집으로 내려갈 것인지 남을 것인지를 고민하는 사이 고향에서 알던 언니가 자신의 집에서 함께 할 것을 권해왔다. 기약 없는 다음 시험까지의 합격, 말만으로도 고마운 마음이 들었다. 재차 걸려 온 설득의 전화에 나 역시 마음이 동하긴 마찬가지였다. 삼성역 부근의 언니 집은 그렇게 내 인생에서 몇 안 되는 전환점이었다. 가짓수 적은 짐을 옮기고 나서 이것도 이사라며 짜장면을 시키는 언니, 열심히 하다 보면 언젠가 보상받기 마련이라며 인생에서 버릴 것은 하나도 없다는 말에 오래도록 말라 있던 감정이 북받쳐 눈물이 끝도 없이 쏟아졌다. 그렇게 나의 강남 생활은 시작되었다.

도심에서의 아침은 생각보다 고즈넉했다. 이른 아침, 근처 선릉은 푸릇푸릇했다. 그곳을 수없이 돌며 조금은 할퀴어진 마음을 토닥였고, 저녁이면 반짝이는 네온사인에 나만 초라한 것 같아 조금은 서글프기도 했다. 일 나간 엄마를 기다리듯 언니의 귀가를 독촉하다 코엑스로 마중 나가기를 여러 번, 일 마친 언니를 끌고 들어가 먹은 팥빙수가 몇십 그릇이나 되었는지 모르겠다.

더부살이는 으레 힘들기 마련이지만 우리에게는 몇 가지 규칙이 있었다. 그 선을 지켜가며 언니도 나도 서로를 배려했다. 규칙적인 생활은 한참을 이어갔다. 시험 준비 기간이 늘어나면 자존감이 떨어질 때도, 자존심이 상하는 날도, 내일이 즐겁지 않을 수도 있지만, 내겐 이 삼성동 집이 있어 외롭지 않았다. 훗날, 우울하기도 했던 시간을 함께 보내며 내게 무한한 힘을 실어줬던 언니에게 감사한 마음은 두고두고 가지고 있다가 머지않아 서울에 올라온 언니의 동생을 보살피는 것으로 언니는 충분히 받았다고 내게 말했다. 어쩌다 우리 셋이 모이는 날이면 접시가 깨질 것 같은 수다가 이어졌고, 우린 마치 세 자매 같았다.

우리는 서울에서 만났지만

#노원역

 대학원에서 만난 선 후배 사이였지만 그에게선 어쩐지 익숙하고 말로 설명하기 힘든 문화적 동질감이 있었다. 지방에서 올라온 나였기에 서울에서 '서울 사람'과 '지방 사람'을 가르는 것은 쉬운 일이었다. 가끔 드러나는 어투와 또 이상하리만치 편안한 마음이 드는 사람은 늘 지방 사람이기에 사람을 편안하게 해주는 이 선배가 서울 사람임을 알아차리기까지 한참이 걸렸었다. 늘 힘든 일은 서로 토닥이고 위로하는 것이 우리가 우정을 나누는 방식이었고, 나는 그와 함께 있는 시간을 참 편안하게 느꼈었다.

 어느 날, 학교의 활동도 거의 마무리되어 갈 때쯤이었다. 근처 커피숍에서 차 한 잔을 청하던 목소리에서 무슨 일이 생겼음을 직감했다. 커피를 다 마셔가도록 안부를 묻거나 이따금 숨 고르기를 하던 그가 어렵게 입을 열었다. 신내림을 받아야 하는 운명, 남들에게는 차마 말할 수 없는 자신의 처지를 누가 믿어줄까. 나에게 믿지 않아도 괜찮다며 이내 눈물까지 보이며 이렇게 쏟아내지 않으면 도저히 버텨낼 자신이 없다고 하였다. 모든 걸 덮고 무작정 당신을 위로했던 날이 엊그제 같은데 벌써 십여 년이 또 흘렀다.

 노원역에 가면 항상 당신을 만날 수 있었기에 등산을 갈 때나 수다가 고픈 날이면 가끔 들렸었다. 이제 그곳에 당신은 없다. 모두 정리하고 지방살이를 택했던 그날, 내려가며 더 좋은 날 있을 것이라 믿는다는 말이 현실이 되었을 때, 사실 나는 당신보다 더 기뻐했었다. 다친 몸과 마음이 살아가는 동안 치유될 수 있었던 건 온전히 당신의 노력이 있었기 때문임을 잘 알기에 가끔 하는 통화에도 우린 아무렇지 않게 지난날의 노원을, 그리고 조금은 덜 평범했던 날들에 대해 자주 이야기했다. 들어주는 내가 있어 버틸 수 있었다고 입버릇처럼 말하는 당신, 그런 나도 당신에게서 삶의 위로를 적지 않게 받았다.

#신도림역

수많은 사람이 오고 가는 신도림역에서 우리는 항상 만났다. 내가 조금은 덜 힘들게 오길 바라는 너의 마음이 이렇게 우리의 신도림행 만남을 만들어 냈다. 다부지고 기가 세지만 생각이 올바른 이 조선족 친구는 내게는 동생 같기도 때론 언니 같기도 했다. 부모님이 일찍이 한국으로 오셔서 자신은 학창 시절 중국에서 풍요로운 생활을 할 수 있었던 그땐 많은 용돈이 그저 좋아 늘 한국에 계신 부모님이 자랑스러웠고 자랑의 대상이기도 했었단다. 그렇게 대학을 마치고 와본 한국에서 처음 마주한 현실을 보며 부모님의 고생을 몰랐던 자신이 미워 눈물을 훔치던 아이, 그때의 당황과 부끄러움을 양분 삼아 매사가 참 열심이었다.

솔직한 그녀는 거침이 없었고 현실을 외면하지도 거짓을 보태지도 않았다. 우리의 만남 속에는 늘 가족에 대한 걱정이 8할은 차지하고 있었으나 우리는 잘 알고 있었다. 속속들이 꿰고 있는 너와 나의 가족사를 우린 자유롭게 이야기할 수 있는 몇 안 되는 친구라는 것을 말이다. 솔직함은 때론 큰 무기였다. 자신을 스스럼없이 보여주는 이 친구 덕에 나 역시 서울에서 오랜만에 겉옷을 벗고서 남에게 나에 대해 말할 수 있는 사람이 되었으니 말이다. 그리고 나는 그녀를 통해 조선족에 대한 편견 한 톨도 남기지 않을 수 있었다. 사람은 역시 비슷했고, 사는 곳이 어디인지도 중요하지 않았다. 역시 사람은 알고 봐야 된다는 말이 맞았다.

서울에서 만나는 가족

#강남역

수원에 사는 고모 집에서 새 직장을 다니게 된 사촌 언니가 연락해 왔다. 복잡한 강남역 부근, 저 멀리 수많은 인파 사이에서 언니는 홀로 울고 있었다. 일명 집순이였던 언니에게 고모 집에서의 더부살이는 녹록지 않았던 모양이다. 마음의 고됨을 다 쏟아내기에 하루라는 시간의 우리의 만남은 턱없이 짧았다. 내가 있어 버텨온 것이라 입버릇처럼 말하던 언니는 일여 년 후 결혼을 하며 원래의 자리로 돌아갔다. 강남역의 지나친 화려함에 잠시 주춤하였지만 얼마 지나지 않아 자신처럼 사연 많은 사람들이 떠도는 곳 같아 언니는 이곳에서 오히려 위안과 희망을 얻었다고 했다.

그 언니가 오랜만에 나를 만나기 위해 또 한 번 먼 거리를 달려왔다. 이제는 웃으며 그땐 그랬었지 하며 들려주는 옛이야기에 마음 한편이 또 조금 시린듯했다. 매번 좋은 이야기는 하나도 없는 것 같아 미안하다는 언니에게 내 이야기를 들어주려 먼 거리도 마다하지 않고 오는 이 누가 있겠냐며 존재만으로도 충분하다고 전했다. 과거는 빠르게 지나갔고 할퀸 상처는 생각보다 깊었지만, 언니도 혼자가 아니었듯 내게도 언니가 있었다. 이제 언니는 그날의 강남역처럼 내게도 위안이 되어주려나 보다.

'언니, 고마워요. 그때도 지금도.'

#건대입구역

'기특한 녀석, 결국은 해내었구나.' 20대를 꿈만 꾸는 사람처럼 사람들은 너를 그리 보아 힘든 날도 많았을 터인데 꿋꿋이 그 길을 찾고 또 걷더니 소식이 끊긴 지 한참이었다. 자주 하는 연락이 너를 더 곤란하게 할까 봐 참았었는데, 30대에 접어든 어느 날, 너는 내게 누이의 축하를 받고 싶다며 고맙게도 전화를 걸어왔다. 친척들의 모임에도 두문불출했던지라, 안 그래도 그리운 마음에 '축하'라는 두 글자가 더해져 나도 모르게 눈시울 붉혔던 밤이었다. 늦은 시간까지 우리의 웃음과 술자리는 끝을 몰랐고, 긴 이야기 끝에서야 눈앞에 네가 대견하여 기쁘다는 말을 전할 수 있었다. 너의 밝아진 얼굴에 생기와 유쾌한 웃음소리가 영원하길 바랐던 그날, 우린 건대입구역 근처 어디쯤이었겠다.

#서울역

오랜만에 설레었다. 서울역, 이곳으로 그리운 이가 오는 중이란다. 매일 통화해도 할 말은 넘치고 외로운 타지 생활에 한 줄기 오아시스 같은 사람, 엄마. 서울에서 4일을 머물다가 간다는 말에 섭섭했지만 즐겁게 보내야겠다고 다짐했다. 시간은 참 바쁘게도 흘러갔다. 맛집을 돌고, 밤이 세도록 이야기에 빠지다가도 다음날이면 일상을 돌아보는, 심심하다면 심심할 시간이 흘러 또다시 돌아온 서울역에서 다시 감정이 앞섰다. 눈물이 찔끔찔끔 새어 나올듯했다. 웃으며 보내고 싶어 즐거운 이야기만 가볍게 주절거리다가 도착한 역에서 무너지는 마음은 어쩔 수 없나 보다. 기차가 떠날 때까지 삭혀왔던 울음은 이내 걸려 온 핸드폰의 이름에서 끝끝내 쏟아졌다. "응, 응"이란 대답만 무성했던 통화, 조심히 내려

가라는 말이 목에 걸렸다. 엄마가 서울에 다녀간 뒤면 나는 엄마를 보내기 싫은 마음과 나도 내려가고 싶은 두 마음이 늘 싸웠다. 하필이면 헤어짐이 아쉬워 슬펐던 날이 서울역이라서 이름만으로도 시큰거린다.

스치는 인연

#노량진역

　어느 건물 옥상, 내가 가져온 커피에서 모락모락 올라오는 김이 아침의 안개를 가르고 있었다. 우연히 가지게 된 도심의 새벽 티 타임에서 알게 된 너는 공부를 오래도록 붙잡은 사람들과 비슷한 힘듦과 슬픔의 어디쯤 잠식된 눈빛을 하고 있었다. 가끔 이른 새벽 마주할 때면 짧은 인사를 나누었고, 가끔은 주어가 빠진 문장으로 고민을 털어놓기도 했다. 누구의 고민일까, 누구의 꿈이었을까. 스스로 정한 이 길이 이제는 누군가 떠밀어 온 것처럼 낯설고 힘들다는 고백이 무성했다. 공평한 인생이 존재하지 않듯 그 친구에게도 내게도 세상은 부당하기 짝이 없었나 보다. 노력은 점수로만 측정되고 합격과 불합격만으로 사람을 가르던 곳에서 우리는 하루하루를 버티고 있었다. 세상의 부당함을 논하면서도 한 편으로 그 속에 발 들이고 싶어 아등바등하는 사람이 바로 너와 나였었던 것 같다.

 시험까지 시간은 빠르게 흘러갔다. 혼자만의 싸움 같았던 그 시간이 네가 있어 외롭지 않았다. 같은 시험이 아니라 경쟁자도 아니었고, 그래서 칭찬과 위로를 아무렇지 않게 해 줄 수 있었다. 그렇기에 우린 더 오래도록 함께일 수 있지 않을까, 좋은 결과에 우리의 관계도 조금은 발전하지 않을까 내심 기대했다. 시험은 끝이 났고 이제는 연락하지 말자는 미안하다는 말 한마디로 끝이 났다. 우린 친구이긴 했었을까. 사계절을 함께 울고 웃었건만, 포장마차에서 마셨던 어묵탕과 소주에 대한 기억만이 남았을 뿐이었다. 누군가 웃고 있는 그 계절에 홀로 울었던 자의 다짐과 고백이 지금도 노량진역의 새벽부터 밤까지 먼지처럼 떠다녔다. 우리도 그렇게 스치듯 지나갔듯이 말이다.

#충무로역
 거절이 서툴렀던 어느 날에 알게 된 사람이었다. 제주에서 이어진 친한 사람, 나는 당신을 이

렇게 정의했다. 사는 동네까지 가까워 이웃사촌처럼 잘 챙겨주던 당신은 나를 조금 다르게 생각했었나 보다. 시간이 흐르면서 진심을 뻔히 알면서도 나는 모르는 척하였다. 호의와 관심을 기껍게 받았으며 이해심 많은 사람인 것처럼 굴었다. 그와의 가벼운 맥주 한 잔이 어느 날부터 피로해지기 시작하자 나는 친절한 말투와 웃음으로 중무장했다. 진심은 꼭꼭 숨겼고, 진실은 외면했다. 충무로의 어느 상영관, 그곳으로 초대를 받기 전까지는 말이다. 자유로운 발상이 몸에 밴 그는 하고 싶은 일을 하며 살고 있는 자신을 보여주고 싶었던 것 같다. 초대장을 받고 한참을 망설였지만 역시나 거절은 하지 않았다. 기어이 찾아간 그곳에서, 당신이 직접 출연한 독립영화를 다 본 후 나는 또다시 생각에 잠겼다. 그의 삶을, 모습을, 영화를 비난하고 싶었던 건 아니었지만 어쨌든 난 그날 이후 당신을 거절한 셈이었다.

 보장되지 않는 미래가 너무 철없이 느껴졌던 어린 날, 그냥 솔직하게 말하면 될 것을 뜸해진 연락으로 가혹하게 굴었었다. 마지막에 마지막이 될 때까지 그는 한결같았다. 내 생각을 존중하는 것인지, 그 역시도 가식으로 무장한 것인지는 모르겠지만 우리의 의미 없는 문자 메시지는 한동

안 이어졌고 서서히 꺼져가는 불씨가 재가 될 때까지 오랜 시간이 걸렸었다. 나는 그와의 연락을 정리하면서 한동안 꽤 아팠었다. 관계를 정리함에 있어 성숙하지 못했던 스스로가 부끄러웠다. 거절한 것은 나였지만 당당하지 못한 기분을 오래도록 간직했기에 한참이나 누군가와 인연을 만들어 가는 것이 힘이 들었다. 가끔 독립영화를 볼 때면 충무로역이 아프게 다가온다. 이따금 떠오르는 당신에게 꼭 전하고 싶은 말이 있다.
'내가 참 비겁했었네요. 미안해요.'

서울 지하철역에서 삶의 조각 찾기

온아
온아하게 나이 들며 소소한 행복을 누리고픈 워킹맘.

인생의 전반기에 마침표를 찍은, 어쩌면 성숙한 어른이 되기 위한 여정이었던 서울에서의 삶을 되짚어보니 그동안 발길이 닿았던 지하철역들 곳곳에 흔적들이 흩어져 있었다. 흔적의 조각들은 때로는 나를 들뜨게 하고, 때로는 무겁게 짓눌렀다.

첫 번째 조각, 이상과 현실의 교차

　지방에서 자라 서울을 동경하던 시절, 서울역은 마치 더 큰 세계로 나아가는 관문 같았다. 기차에서 내려 처음 마주한 플랫폼은 설렘과 함께 나를 압도하는 크기와 복잡함을 품고 있었다. 서울에서의 삶이 익숙해지자 거대함과 복잡함은 방향치인 나에겐 한참을 헤매게 하는 불편함이 되었다. 광장에서 마주했던 소음과 껄끄러운 시선들은 바쁜 일상 속에 그저 피하고 싶은 혼잡함으로 다가왔다. 근처의 충무로역은 영화를 좋아하고 영화 제작자가 되고 싶었던 고등학교 시절에 서울역과 마찬가지로 막연히 꿈을 덧씌웠던 곳이다. 영화제작의 중심지, 배우들이 모인 충무로라는 기사를 볼 때면 언젠가 그곳에 함께할 내 모습을 상상했다. 그러나 현실과 타협하며 건축을 전공하고 설계사무소 취업해 처음 가보게 된 충무로역은 인쇄소가 즐비한 뒷골목으로 연결되었다. 나는 그곳에서 밤새 현상 제출물 검수 작업을 했다. 새벽녘, 첫 지하철을 타러 터덜터덜 걷던 길 위에 서, 어릴 적 꿈과는 멀어진 초췌한 나의 모습을 보았다. 서울역과 충무로역은 낭만적 꿈에서 헤어나 오늘을 살아가는 나를 발견한 곳이다.

두 번째 조각, 익숙해지지 않는 낯섦

　강남역은 서울에서 직장 생활을 하며 손에 꼽을 정도로 많이 가 본 곳임에도 갈 때마다 낯설고 복잡하기만 해서 정이 가지 않는다. 누군가에게는 활기차고 즐거운 장소일지 모르지만, 나에겐 늘 어색하고 혼잡한 느낌으로 와닿는다. 많은 사람들 사이에서 마치 외딴섬에 홀로 남겨진 듯한 기분이 든다. 북적이고 화려한 그곳에서 나만은 늘 길을 잃은 듯, 어딘가 겉돈다. 비슷한 낯섦을 안겨준 곳은 용산역이다. 오랜만에 연락 온 친구와의 만남은 기대와 다르게 무척이나 어색했다. 서로가 기억하는 어릴 적 모습은 더 이상 찾아볼 수 없었고, 엇갈리는 대화는 이어지지 않았다. 몇 년 만에 다시 찾은 용산역도 마찬가지였다. 기억하는 풍경은 사라지고, 거대한 건물과 복잡한 상

점들만이 우리를 둘러싸고 있었다. 친구와 나, 그리고 용산역 모두 너무 많이 변해버린 듯했다. 반가움은커녕, 변한 것들 속에서 어쩔 줄 몰라 하며 한참을 서성였다. 마치 처음 온 것처럼 모든 게 낯설게 느껴졌다. 또 다른 낯섦으로는 사회 초년생 시절, 여의도 증권가에서의 생경함이 또렷하다. 발주처 협의를 마치고 여의도역에 들어섰을 때가 오후 5시쯤이었나, 퇴근하는 증권맨들이 쏟아져 나와 그들 사이에서 나는 갈 길을 잃고 말았다. 검은 정장에 빠른 걸음, 어딘가 바쁜 그들의 모습은 나와는 다른 세상의 사람들처럼 느껴졌다. 혼잡한 역 안에서 길을 헤매던 그 순간, 나는 사회에서 얼마나 더 배워야 하고, 얼마나 더 단단해져야 하는지 문득 두려움에 사로잡혔다. 삶이 가끔은 익숙해지면 무뎌질까, 변하지 않으면 도태될까, 도무지 익숙해지지 않는 낯섦으로 긴장감을 주며 내려놓지 못하게 하는 짓궂은 농담을 건네는 듯하다.

세 번째 조각, 나만의 색을 갖고 싶어

신사역에서 약속이 있는 날이면 자연스레 옷차림에 신경을 쓰곤 했다. 평소 잘 하지 않던 화장을 하고, 멋 부린 듯한 옷을 입고 불편함을 감수하며 살짝 들뜬 마음으로 가로수길을 걸었다. 패피들 사이에서 나도 중간쯤은 가지 않을까 생각했지만, 걷다 보면 곧 나는 그저 평범한 존재임을 깨닫는다. 유니크하고 센스 넘치는 사람들 속에서 나는 지나가는 행인1에 불과했다. 그럼에도 20대 소심했던 젊은 날, 나름의 시도는 작은 도전이었다. 나만의 개성을 뭐 하나라도 찾아내려 안간힘을 쓰던 그 시기에, 홍대입구역 또한 나에게 별세계였다. 골목골목 개성 넘치는 가게들을 기웃거리며 나의 취향을 재발견하고, 잘 알려지지 않은 인디밴드의 독특함과 특별함을 즐겼다.

아직 알아보지 못할 뿐 나에게도 그들처럼 분명한 색이 있다고 외치고 싶었는지도 모른다. 그러나 언젠가부터 대형 프랜차이즈가 자리를 차지하며 내가 탐닉했던 홍대입구역의 매력이 옅어졌다. 인디밴드가 유명해지며 상업성과 대중성에 퇴색되어 더 이상 인디밴드가 아니게 되는 것처럼, 어쩌면 나도 분명했을 색을 이리저리 휩쓸려 무색하게 만들어 버린 건 아닐까.

네 번째 조각, 보이지 않는 경계

　대학 3학년 겨울방학, 두어 달 삼성역 근처 회사로 실습을 나갔다. 고시원에서 지내며 매일 오가던 길에 코엑스몰이 있었음에도 한 번도 제대로 둘러보지 못한 채 실습이 끝났다. 졸업 후 직장 생활을 하며 박람회나 행사로 삼성역을 자주 찾게 되면서, 왜 그때는 용기가 나지 않았을까 의아했다. 낯선 환경에 짓눌려 길 하나도 자유롭게 헤맬 용기가 없었던 거라 여기며, 그 시절 어리바리한 어린 내가 씁쓸하던 차에 30대가 되어서도 별로 달라지지 않은 나를 발견했다. 창동역 근처에서 거의 5년 정도를 살았는데 야근, 철야로 피곤한 날 깜박 졸면 노원역이었다. 그렇게 꽤나 자주 갔지만 역 위에 세상은 전혀 모른다. 그저 급히 내려 반대로 건너와 다시 지하철을 탔던 곳. 바로 한 정거장 차이인데도 창동역, 쌍문역, 녹천역 주변으로는 산책도 많이 하고 여기저기 다녔음에도 천 하나 건너 노원 쪽으로는 발걸음을 하지 않았다. 나에겐 나조차 인지하지 못하는 이상한 경계가 있나 보다.

다섯 번째 조각, 건축이란 연결고리

 대학 시절부터 지켜본 서울시청의 건축 과정은 내게 많은 것을 상기시켰다. 설계사무소에서 일하며 업무차 방문하기도, 지인과의 약속차 들리기도 하며 시청사를 지나다닐 때면 다사다난한 과정과 불합리함이 어쩐지 마음을 눌러 내리는 듯했다. 시청역에서 내려 시청을 마주할 때마다, 건축을 사랑했던 시절과 벗어나고 싶어 발버둥쳤던 날들이 함께 떠오른다. 지난 과정 속에 쌓여온 나의 시간들 때문인지 이곳에서의 발걸음을 더 무겁게 만든다. 그럼에도 몇 걸음 더 내디더 동대문역사문화공원역에 서면, 그곳의 건축물이 주는 강렬한 인상에 사로잡혀 또다시 건축을 매력적이라 느낀다. 역사성을 기리기 위한 건물임에도 국제 현상을 통해 외국 건축가가 설계를 맡았다는 점이 한때 논란이었지만, 자하 하디드라는 유명 건축가는 그 이름값을 했다. 장소성은 확고해졌고, 어느새 도시를 대표하는 하나의 이미지로 자리 잡았다. 그곳의 이전 역사는 덮였을지언정 서울을 상징하는 건축물로 새로운 역사를 쓰고 있는 것 자체가 '역사 문화'라는 이름에 걸맞다고 생각한다.

여섯 번째 조각, 오롯이 혼자

 나 자신이 비주류라 느껴질 때면 광화문역 6번 출구를 나서 씨네큐브로 향하곤 했다. 5분 남짓 걷는 그 길은 나에게 잠시 일상과 동떨어져 숨 돌릴 틈을 선물해 주었다. 대중적이지 않은 예술영화를 마주하며 느꼈던 감정들, 서글픔과 동시에 찾아오는 묘한 위안은 그곳에서 내가 세상의 중심에서 조금 벗어나 있음을, 그러나 그것이 꼭 나쁜 것만은 아님을 깨달았다. 그 작은 영화관은 내게 고요한 공감과 위로를 전해주는 은신처 같은 곳이었다. 성신여대입구역도 종종 들리는 놀이터였다. 직장과 집 4호선 중간쯤인 그곳에는 보세 옷 가게와 소품샵, 가성비 있는 파스타 가게와 아기자기한 카페들이 있다. 혼자서 소소하게 쇼핑하고 커피도 한 잔 하며 보내기도, 가끔은 나만 아는 가게에 지인을 초대해 맛있지 않냐며 작은 기쁨을 나누기도 했다. 서울 생활 중 가장 평범하면서도 잔잔한 여유를 만끽하며 온전히 나를 내려놓았던 나만의 힐링 스팟들. 다시금 혼자만의 시간을 즐길 수 있을 때 가보고 싶다.

일곱 번째 조각, 기다림을 즐기는 법

 남부터미널역 하면 당연하게도 예술의 전당이 떠오른다. 한가람 미술관에서 전시를 보는 것도, 토월극장에서 공연을 보는 것도 무척이나 좋아했다. 뚜벅이 시절엔 역에서 지상으로 올라와 늘 서초22번 초록 버스를 탔다. 걸어가도 크게 시간 차이가 나지 않음을 알면서도, 굳이 버스를 기다렸다. 버스 안에서 잠시 멍하니 창밖을 바라보며 설렘을 가다듬는 시간이 좋았다. 지하철 3호선 남부터미널역과 서초22 초록 버스는 예술의 전당을 가기 위한 여정의 일부였다. 비 오는 어느 날에는 퇴근 후 우비를 입고 이태원역으로 향했다. 피곤함도 잊고 밤새 걷고 그저 즐거웠던, 그날의 데이트는 특별했다. 골목골목 거닐며, 이태원 특유의 분위기를 안주 삼아 취하지 않을 만큼만 한 잔씩 나누던 밤. 우리만의 시간이 천천히 흘렀다. 이태원역 3번 출구 할리스에서 첫차를 기다리며 마신 마지막 커피 한 잔은 유난히 따뜻하게 기억된다. 4년의 연애와 5년의 결혼 생활 동안, 우리는 종종 그날들을 안주 삼아 술 한 잔을 기울인다.

여덟 번째 조각, 가깝고도 먼

 서울 생활 3년 차, 조금 더 넓은 자취방을 구하고자 어디로 갈지 고민할 때 선배가 화곡역 근처를 추천해 줬다. 저렴하다는 말에 혹했지만, 지도를 보니 회사와 너무 멀어 깜짝 놀랐다. 아침잠 많고 길치인 내가 감당할 거리가 아니라며 화곡역이라는 이름은 머릿속에서 지워버렸다. 그런데 지금은 그보다 훨씬 먼 경기도에서 서울로 출근하는 나를 보면, 그때의 고민이 조금은 우습다. 거리라는 게 때로는 익숙함과 상황에 따라 그 의미가 달라지는 것 같다. 내친김에 지도에서 서울에 산다면 어디가 좋을지 훑어보니 당산역이 눈에 들어온다. 바로 위에 선유도가, 2호선 강 건너는 합정, 두 정거장 아래로는 문래, 9호선 우측으로는 여의도다. 당산역을 둘러 모두 좋아하는 곳들이라 여기 살면 좋겠다라는 생각이 강타한다. 이번 남은 생에 최선을 다하면 서울에서 살아 볼 수는 있을까. 좋아하는 공원, 좋아하는 동네 모두 한두 정거장 거리에서 지내볼 날이 내게도 올까. 서울이라는 바람이 멀게만 느껴진다. 물론 지금 사는 수원도 애정하지만.

아홉 번째 조각,
마지막 열 번째 조각은 어디에

 서울의 끝자락, 김포공항역. 지금까지 삶의 조각들을 찾으며 마지막 역에 다다랐다. 지하철 문이 열리고 발을 내딛는 순간, 도시의 끝에서 색다른 시작을 알리는 조금은 낯선 공기가 마음을 간지럽힌다. 오늘 유독 청명한 겨울 하늘에 비행기가 지나가는 걸 보니 훌쩍 떠나고 싶은 마음이 더욱 간절해진다. 서울의 지하철역들엔 내가 어른으로 한 뼘 더 자라기 위해 필요한 시간과 감정들이 녹아있었다.

 마지막 열 번째 조각은 인생 후반기 여정의 시작점에 있었다. 서울에서의 삶은 직장생활로 이어지지만, 이제는 혼자가 아닌 함께하는 가족이 있는 새로운 여정도 서울을 벗어난 곳에서 현재진행형이다. 열한 번째, 열두 번째 내 삶을 이룰 또 다른 조각들은 어떤 모양일까.

우리는 지하철역과 함께 성장하고 있다

(서울 직장인의 서울 생활 고군분투기)

최훈

글을 쓰는 것이 좋아서 일기장에 일상을 남긴 지 10년이 넘었다. 2022년 첫 책을 출간한 후 일상을 기록하고 그 경험을 함께 공유하는 것을 소중하게 생각해서 꾸준하게 평범한 일상의 글을 쓰고 있는 직장인이다.

아현역
_나도 서울에 집이 생겼다

 2003년 나는 대구에 있는 한 대학교에 입학했다. 나를 대학에 보낸 후 어디론가 혼자 가서 사시겠다는 어머니의 바람대로 어머니는 혈혈단신 서울로 오셨다. 많지 않은 돈으로 어렵게 구한 어머니의 첫 서울 집은 아현역 인근 언덕 끝에 있는 한 다가구 주택의 옥탑방이었다. 겨우 두 명이 누워서 잘 수 있는 집을 구하고서 어머니는 나에게 연락이 왔다. "엄마는 서울에 있으니깐 너무 걱정하지 말아."라고. 그 이후로 우리 가족은 아현역 인근에서 이사를 한두 번 더 한 뒤로 운이 좋게 임대 아파트를 분양받아서 난생처음 아파트에 살게 됐다. 그 무렵 나도 오랜 군 생활을 마무리하고 서울에서 자리를 잡기 위해 취직 준비를 했다. 그 당시 어머니의 어려운 결단과 노력으로 나는 전역 후 서울에 정착했고 칠전팔기의 도전 끝에 어렵게 서울 직장인이 될 수 있었다. 그렇게 기대하고 고대하던 나의 서울 직장인의 삶은 아현역으로부터 시작됐다. 그래서 나에게 아현역은 '이제 정말 내 집에 왔다'는 마음의 안식을 주는 곳이고 언제든 가면 편안함을 주는 어머니 같은 역이 되었다.

삼성역
_꿈꾸던 테헤란로 직장인이 되다

2015년 2월에 나는 첫 직장인이 됐다. 긴 군 생활을 마무리한 후 사회에 나온 지 약 3개월이 되는 시점에 운이 좋게 한 회사에 입사했다. 아쉽지만 첫 근무지는 경남에 있는 거제도였다. 지방 사업장에서 근무하다 기회를 보고 서울로 꼭 오겠다는 나름의 큰 포부를 갖고 거제도로 내려갔다. 인턴사원 생활을 열심히 하던 중 입사 3개월이 되는 시점에 서울 삼성역에 신규 사업장의 오픈 멤버로 발탁이 됐다. 믿기지 않았다. 입사한 지 얼마 안 된 내가 서울로 간다는 것 자체가 흔한 일이 아니었기에 어안이 벙벙했다. 더 믿기지 않았던 것은 근무 장소가 그 당시 취업 준비생이라면 한 번쯤 꿈꿔봤던 테헤란로가 있는 삼성역이었다는 것이다. 점심시간에 말끔한 정장을 입고 목에는 사원증을 걸고 한 손에는 스타벅스 커피를 들며 테헤란로를 여유 있게 걷고 있는 나의 모습을 상상하니 흥분을 가라앉힐 수가 없었다. 나는 회사의 발령을 받은 뒤 바로 서울로 근무지를 옮겼다. 드디어 나에게 서울 직장인 생활의 막이 열리는 순간이었다. 당시 삼성역으로 출퇴근하면서 매일 야근과 주말 출근의 연속이었다. 하지만 나는 힘들지 않았다. 첫 번째 이유는 테헤란로 직장인의 꿈을 이뤘다는 것, 두 번째 회사에서 신규 사업장을 오픈하기 위해 나를 선택했다는 점, 마지막 세 번째는 업무적인 지식이 부족했던 나에게 기초를 탄탄하게 쌓을 좋은 기회가 됐다는 점 때문이었다. 물론 처음 해보는 일이었기 때문에 이런저런 실수도 많았다. 식사 장소를 잘못 예약해서 대표님이 급하게 택시를 타고 이동해야 했던 적도 있었고 연말정산 신고를 잘못해서 팀장님과 같이 역삼 세무서로 가서 자초지종을 설명했던 적도 있다. 이 외에도 웃지 못할 실수들이 참 많았지만 삼성역은 지금 가도 신입 직장인 때의 열정과 다짐을 다시 떠오르게 하는 내 초심의 역이 됐다.

역삼역
_본사 출근은 항상 긴장된다

    삼성역에서 고군분투하던 나는 업무적인 어려움이 생기거나 궁금한 점이 있으면 역삼역에 있는 본사를 찾아갔다. 한 그룹의 본사라고 하면 얼마나 대단한 사람들이 근무하는 것일까. 처음 본사를 방문했을 때 본사 사무실의 적막함에 놀랐다. 다들 본인 모니터만 보고 있고 이야기하는 소리는 거의 없었다. 들리는 것은 오직 키보드 타자 치는 소리와 전화벨 소리뿐. 군 시절 사령부에 일이 있어서 가면 반겨주는 사람도 있었고 어떻게 오신 건지 물어보는 사람도 있었는데 회사의 본사는 너무 적응이 안 되는 분위기와 환경이었다. 하지만 나는 해결해야 할 과제가 있기 때문에 조용히 나의 업무를 도와 줄 사람을 찾아서 작은 목소리로 업무를 물어봤다. 아는 사람이 있어도 아는 체를 하지 못하고 눈으로 '저 여기 왔어요'라는 신호를 보내고 카톡으로 연락을 했다. 그때의 기억 때문일까? 본사 근무도 해보고 회사를 옮기고 새로운 본사를 방문도 해봤지만 아직도 본사를 가게 되면 발소리도 내면 안 될 것 같다. 아는 사람을 봐도 목례만 해야 될 것 같고 목소리를 최대한 낮추고 빠르게 용건만 보고 도망치듯이 나와야 되는 곳 같다. 분명히 나는 잘못한 것도 없고 일 때문에 방문하는 것인데도 누가 봐도 긴장한 사람처럼 본사 사무실을 걸어 다닌다. 그래서 본사만 갔다 오면 너무 긴장을 한 탓에 다리에 힘이 풀렸고 에너지를 많이 써서 무척 배가 고팠다.

강변역
_서울 직장인 출장의 시작과 끝

 직장 생활을 하면서 출장은 빠질 수 없는 업무 중의 하나다. 나는 출장이 많은 회사에 다녔다. 회사 교육, 강의, 업무 협조 등을 위해 전국을 다녔는데 대부분 강변역에 있는 동서울터미널을 이용했다. 당시 나는 자가용이 없었고 회사에서 법인 차를 지원받지 못하는 환경이었기 때문에 출장을 가려면 대중교통을 이용해야만 했다. 하루는 강원도로 출장을 가야 했다. 사전에 계획되어 있던 출장이라서 표를 2주 전에 예매했고 출장 당일 당당하게 터미널로 갔다. 버스를 타기 위해 승강장에서 버스를 기다리고 있는데 뭔가 불길한 느낌이 들었다. '설마 아니겠지'라는 생각이 들었고 바로 핸드폰 앱을 실행했다. 불길한 예감은 역시 틀리지 않았다. 내가 예매한 곳은 강변역 동서울터미널이 아니고 3호선 고속버스터미널이었다. 출발까지 약 30분밖에 남지 않아서 급하게 터미널을 나와 택시를 잡았다. 택시기사님께 무조건 빨리 가야 된다고 재촉했고 다행히 출발 3분 전에 고속버스터미널에 도착해서 내가 타야 할 버스를 탈 수 있었다. 그 후로는 차가 생겨서 동서울터미널을 예전보다는 많이 이용하지는 않았지만 이용할 일이 생기면 꼭 출발지와 도착지를 여러 번 확인하는 습관이 생겼다. 출장의 시작과 끝은 목적지를 정확하게 확인하는 것에 있다. 내가 가야 할 곳과 돌아와야 할 곳을 정확하게 인지하는 것이 단순하고 쉬운 일이지만 헷갈리거나 착각할 때도 있다. 당연히 나도 고속버스터미널을 강변역으로 헷갈릴 거라는 생각을 단 한 번도 해본 적이 없다.

문정역
_본사의 부름을 받고 본사 직원이 되다

 삼성역에서 근무하던 어느 날 본사 인사 팀장님께서 사무실로 오셨다. 회사의 사정으로 이번에는 본사로 와서 근무를 하라는 이야기와 함께 당장 다음 주부터 출근하라고 하셨다. 숨죽이고 일만 하는 본사, 무겁고 답답하게 느껴졌던 본사로 출근을 해야 된다는 생각에 걱정이 됐다. 내가 본사로 옮길 수밖에 없는 회사의 상황도 설명해 주셨고 어느 정도 이해는 됐지만 이렇게 갑작스럽게 또 발령을 받아서 가야 된다니 많이 아쉬웠다. 하지만 직장인이 부당한 처우나 상황이 아니고서야 회사 인사 발령을 받으면 움직여야 하는 법. 본사가 문정으로 이전하면서 분위기나 사무 공간도 바뀌었을 테니 예전만큼 삭막하지 않겠지라는 기대를 안고 본사로 출근을 했다. 출퇴근길은 녹록하지 않았다. 평상시보다 일찍 일어나서 이동해야 했고 중간에 한 번 환승을 해야 했기에 두 배는 더 피곤했다. 조금은 달라졌을 거라고 기대했던 사무실 분위기는 변함이 없었다. 본사에 아는 사람도 없었고 나의 자리는 제대로 준비되지도 않았다. 그렇게 나의 암흑기는 본사 직원이 되면서부터 시작됐다. 사람들과 쉽게 이야기를 나눴던 나였는데 이야기를 나눌 만한 사람, 의지할 만한 선배조차 없었다. 한 공간에 10명이 넘는 직원이 있었지만 우리라는 느낌보다는 서로 남남의 느낌이 더 강하게 느껴졌다. 목표를 달성하기 위해 똘똘 뭉쳤던 과거의 경험은 빨리 잊어버리고 나의 업무와 성과에만 집중해야 했다. 사내 정치에 발을 담그지 않고 혼자 마이 웨이(My Way) 하다가 섬 취급을 받았고 공개된 사무공간에서 질타와 비난을 받으면서 자신감과 자존감은 떨어질 대로 떨어졌다. 어떻게든 잘 해보려 나름의 노력을 했지만 실수의 연속이었고 사무실에서 내가 느끼는 긴장감 또한 최고조에 이르렀다. 그 당시 나는 변화가 필요했다. 터놓고 속풀이 할 사람과 시간, 공간이 무척이나 절실했다. 다시는 군 생활했던 방향으로 OO도 안 싼다는 말이 있다. 나에게 문정역은 그런 곳이 되어 버렸다. 정말 중요한 일이 아니면 가고 싶지 않은 역, 아직도 친한 지인들이 문정역에서 근무하지만 그분들을 만날 기회가 생기면 문정역에서 보자고 먼저 이야기하지 않는다.

신촌역
_서울 직장인의 속풀이

 직장 생활을 하면 상상도 못 할 정도의 스트레스가 매일 같이 나를 지치게 한다. 스트레스를 받으면 자신만의 방법으로 해결을 해야 되는데 가만히 쌓아만 두면 정말 큰 번아웃을 경험할 수 있다. 나는 '스트레스를 어떻게 하면 잘 풀 수 있을까'라는 고민을 많이 했다. 내가 선택한 방법은 세 가지였다. 첫 번째 술을 마신다. 힘든 순간을 잊기 위해 술만 한 특효약은 없지만 술 먹는 것이 습관이 되면 알코올 중독으로 이어질 수도 있다. 특히 스트레스를 많이 받은 날에 과음을 하게 되면 다음 날까지 지장을 줄 수 있다. 그래서 적당히 분위기 있는 곳에서 술을 마시면서 기분까지 좋아지고 지식까지 얻을 수 있는 술을 찾았다. 바로 와인이다. 신촌역에 있는 백화점 와인 코너를 가서 다양한 와인을 적정 가격에 구입했고 자기 전 1~2잔씩 마시면서 스트레스도 풀고 포도 품종과 와이너리에 대한 지식까지 쌓을 수 있었다. 두 번째는 피아노였다. 어렸을 적 어머니께서 피아노를 배워 보라고 할 때는 참 배우기 싫었는데 성인이 되면서 '왜 그때 안 배웠을까'라는 후회를 여러 번 했다. 신촌역에 있는 한 피아노 학원을 3개월 등록하고 퇴근길에 들러서 30분 레슨, 1시간 연습을 했다. 손가락이 마음대로 움직이지 않아서 가끔 더 스트레스를 받기도 했지만 연주해 보고 싶은 곡을 직접 연주하니 기분이 너무 좋았다. 마지막 세 번째는 요리를 배웠다. 평소 요리하는 것을 좋아했고 한때는 요리사를 꿈꿔왔기 때문에 한식 요리사 자격증 취득을 목표로 요리학원을 다녔다. 나보다 훨씬 어린 고등학생들과 같이 선생님의 시범을 보고 채소를 다듬고 재료를 볶고 맛을 보고 작품을 플레이팅하다 보면 회사에서 받았던 스트레스는 모두 사라졌다. 지금도 회사에서 스트레스를 받으면 최대한 풀고 다음 날을 맞이하려고 한다. 왜냐하면 나는 아직 회사를 건강하게 다녀야 하는 나이이기 때문이다.

공덕역
_서울 직장인의 설레임

 서울 직장인이 되면서 해보고 싶었던 것 중의 하나는 쑥스럽지만 서울에서 연애를 해보는 것이었다. 나는 줄곧 지방에서 지내왔기 때문에 서울에서 연애를 한다는 것은 쉽지 않았다. 공덕역은 지금의 아내이자 구 여자 친구를 만나서 서로 호감을 확인하고 사귀자고 처음 말을 꺼낸 곳이다. 물론 아내와 나의 첫 소개팅 장소는 신촌역 3번 출구이지만 공덕역에 있는 경의선 공원길을 걸으면서 아내에게 "사귀자"라고 말하고 덥석 손을 잡았다. 아내와 나는 사는 곳도 가까워서 거의 매일 만났고 공덕역 경의선 공원길을 걸으면서 사랑을 키웠다. 그리고 연애한 지 약 1년이 되는 시점에 결혼을 했고 공덕역 인근에 신혼집을 마련했다. 우리는 경의선 공원길에서 4계절 내내 설렘을 느낀다. 봄에는 여의도 윤중로 벚꽃길처럼 벚꽃이 굉장히 예쁜 길이고 여름에는 벚꽃 나무 그늘 아래에서 시원하게 휴식을 취할 수도 있다. 가을에는 단풍을 보고 따뜻한 햇볕을 맞으며 벤치에 앉아서 여유롭게 책도 읽을 수 있다. 겨울에는 하얀 눈이 공원길에 소복하게 쌓이면 눈사람을 만들고 눈싸움도 하면서 낭만을 즐길 수 있다. 그렇게 4계절을 공덕역 경의선 공원길과 함께 했고 언제나 가면 설레는 곳, 싸웠을 때 같이 걸으면 처음에는 어색하지만 그때의 감정과 좋은 추억으로 화해를 하는 우리만의 소중한 공간이 됐다.

대학로역
_7년만에 첫 이직에 성공하다

　첫 직장을 7년 정도 다녔다. 여러 지하철역을 오가며 말도 많고 탈도 많았던 첫 직장이었지만 코로나 이후로 회사가 어려워지고 내부적인 이슈와 개인적인 성장 때문에 처음으로 이직에 도전했다. 여러 회사에 입사 지원을 했지만 코로나라는 어려운 상황 때문에 채용시장도 꽁꽁 얼어붙어 있었다. 그러다가 우연히 한 회사에서 연락이 왔다. 새로 간 회사는 대학로역 인근에 있었다. 해당 회사의 로고송만 들어도 "아 그 회사"라고 할 정도로 나름의 인지도가 있는 회사였다. 나의 경력과 직급에 맞았고 내가 이전 회사에서 해보지 못했던 것을 해볼 수 있는 회사라고 생각이 되어 연봉 인상 폭이 크지 않았지만 이직을 결심했다. 그러나 적응이 생각보다 쉽지 않았다.

완전히 다른 산업군이다 보니 제도, 시스템과 조직문화도 달랐다. 빨리 적응을 해서 이직에 대한 성과를 내고 싶은 마음에 '잘하겠다, 잘할 수 있다'는 열정을 보여줬다. 하지만 빠르고 강하게 타오른 불꽃은 금방 시드는 법. 자꾸 이전 회사와 비교를 했다. '여기는 왜 이러지, 이전 회사에서는 안 그랬는데' 등 기존 사람, 제도, 문화에 자연스럽게 흡수되어 적응을 하는 것이 필요한데 나의 열정이 과한 탓인지, 한계를 일찍 깨달았는지 새로운 곳에서의 미래가 보이지 않았다. 처음에는 나의 직장 경력을 위해 최소 1년은 다니겠다는 마음을 먹고 어떻게든 버텨보려고 했지만 아쉽게도 나는 먼저 백기를 들고 6개월 만에 회사를 그만뒀다. '존버'라는 말이 있다. 끈질기게 버틴다는 뜻의 은어인데 대학로역에 가면 그때 조금만 버텼으면 나는 어떻게 됐을까 하는 생각을 하게 된다. '행복했을까? 나의 커리어에 도움이 됐을까?' 정답은 알 수 없지만 첫 이직을 할 때 그리고 6개월 만에 회사를 그만둘 때 꼭 고려했으면 하는 것들이 시간이 지나니 눈에 보이기 시작했다. 첫 번째 너무 성급하게 행동하지 말 것, 두 번째 명확한 목표를 갖고 움직일 것, 세 번째 손해를 볼 수 있다는 각오를 할 것, 네 번째 너무 앞만 보지 말 것, 끝으로 다섯 번째 결정에 후회하지 말 것. 두 번째 회사를 단기간에 그만두고 난 뒤로 대학로역 근처에 잘 가지 않는다. 그 이유는 아마도 회사에 대한 미안함보다는 조금 더 존버하지 못했던 나의 모습이 부끄러워서인 것 같다.

남부터미널역
_서울 직장인 생활의 마침표 그리고 새로운 도전

 어느덧 나의 서울 직장인 생활도 10년이 다 되어 가고 있다. 그동안 회사를 2번 옮겼고 출퇴근을 위해 자주 이용하던 지하철도 2호선으로 시작해서 4, 5, 8호선 등 다양해졌다. 나이도 30대 초반에서 40대가 됐고 회사에서는 중간관리자의 역할을 하고 있다. 코로나19도 한풀이 꺾여 갈 때쯤 아내와 큰 계획을 세웠다. 탈서울. 나와 아내는 10년 넘게 서울살이를 하면서 회의감, 답답함을 느꼈다. 다닥다닥 붙어 있는 건물들 사이에서 답답하게 지내는 것, 동네와 도로에 시끄럽게 달리는 자동차와 오토바이 소리, 출퇴근 시간이 되면 콩나물시루처럼 밀집하여 타고 다니는 지하철 등 서울에서 벗어나서 살고 싶다는 마음이 우리에게 너무나도 절실했다. '어떻게 하면 서울이 아닌 곳에서 살 수 있을까, 몸과 마음이 여유롭게 살 수 있는 곳은 어디일까'를 고민하던 중 아내와 나는 전국 지도를 펼쳐놓고 이야기를 했다. 첫 후보지는 제주도였다. 제주도에 직접 가서 현지 부동산을 돌아다니면서 집값 시세를 알아보고 주변 주민들의 이야기를 들으면서 우리가 살 만한 집인지, 정착해서 살 수 있는 곳인지 확인했다. 하지만 제주도는 후보지에서 아쉽게 탈락됐다. 이유는 집값이 생각보다 너무 비쌌다. 육지에 무슨 일이 생겼을 때 날씨 상황에 따라 제주도를 벗어날 수 없다는 불안감이 두 번째 이유가 됐다. 우리는 두 번째 후보지로 이동하기 위해 남부터미널역으로 가서 시외버스를 탔다. 그곳에서 몇 군데의 집을 둘러본 뒤 결국 한 집이 너무 마음에 들어서 바로 계약을 했다. 100년이 넘은 시골집, 처음 그 집을 봤을 때 '과연 이 집에서 살 수 있을까'라는 생각이 들었다. 하지만 집의 크기와 모양, 접근성, 분위기 등 마음에 안 드는 것이 하나도 없었다. 그 집을 계약한 후 아내와 나는 빠르게 서울 집을 정리했다. 때마침 그때 내가 다니던 회사도 재택근무를 하는 회사여서 대표님께 보고 후 전혀 문제 되지 않을 것 같다는 답변을 듣고 집 계약 후 2개월 만에 탈서울을 했다. 나도 처음에는 귀촌이 가능할지 몰랐다. 재택이라는 회사의 상황과 귀촌을 하고 싶다는 의지가 컸기 때문에 망설임 없이 바로 서울 직장인 생활을 정리하고 실행으로 옮길 수 있었다. 가끔씩 서울에 가려면 4시간 정도 버스를 타고 남부터미널로 올라와야 한다. 장시간 버스를 타는 것이 편하지는 않지만 매일같이 붐비는 지하철을 타고 왕복 3시간씩 다니는 것보다는 훨씬 나았다. 지인들이 서울을 벗어나서 귀촌을 하면 불편하지 않냐고, 다시 서울로 오고 싶지 않냐고 여러 번 물어봤다. 나와 아내의 대답은 항상 "NO"였다. 서울에서 사는 것보다 몸도 마음도 더 건강해진 것 같고 더 활기차고 행복하게 지내는 것 같아서 우리는 귀촌 생활에 100% 만족하며 살고 있다. 지금은 귀촌 생활의 다음 단계를 준비 중이지만 그 또한 나와 아내에게는 인생의 새로운 도전이 될 것이고 처음 서울 직장인 생활을 할 때처럼 설레는 경험이 될 것이라 확신한다.

칵테일 이모션

최은수
~ 흐르는 대로 살자 술술은수 ~

가산디지털단지역

 열차의 유리창에 물방울이 맺혀 있다. 1호선 열차 안은 사람들로 가득했고, 승객들은 서로 마주 보며 기침을 할 뿐이었다. 흰색과 검은색 마스크를 쓴 승객들은 불편한 표정을 지으며, 만원 열차의 흐름에 바람을 맞는 버들마냥 몸을 맡기고 있었다. 은진은 데이터가 터지지 않는 1호선에 질렸는지 유리창에 맺힌 물방울을 검지손가락으로 만지작거렸다.

 은진은 막 대학원을 졸업하고 못다 한 복무의 의무를 다하기 위해 예비 전문연구요원의 신분으로 가산디지털단지역의 한 IT 기업에서 근무한다. 2020년이 되자마자 취업을 했으나, 아직 졸업장이 나오지 않아 2월만을 기다리며 발만 동동 구르고 있었다. 그래도 결국 어떻게든 흘러

가겠지라는 생각을 하며 하루하루를 보냈다. 하지만 은진은 출퇴근이 이 정도로 힘들지는 상상도 못 했다. 오전 6시에 졸린 눈을 비비며 일어나고 7시에 인파를 헤쳐 나와 만원 열차를 타는 일. 그저 사람들의 호들갑이나 엄살이라고 생각했기 때문이다. 그러나 그것은 은진의 오만한 생각이었다. 현실은 남들처럼 평범하게 사는 것조차 힘들었다. 건조한 겨울 날씨에도 이상할 정도로 촉촉한 이 열차를 앞으로도 계속 탈 생각을 하니 은진은 그저 깊은 한숨을 내쉬었다.

"이번 역은 가산디지털 가산디지털역입니다. 내리실 문은 왼쪽입니다."

은진은 바닥에 내려놓은 가방을 주섬주섬 챙기며 긴장했다. 처음 가산디지털단지역에서 내렸을 때 멍하니 있다가 인파에 휩쓸려 엉뚱한 출구로 나와버린 적이 있었기 때문이다. 가산디지털단지역은 에스컬레이터, 개찰구, 그리고 출구로 나가는 길. 어디든 사람이 바글바글하다. 출퇴근 시간의 가산디지털단지역은 어딜 가나 줄을 서야 했고 누군가와 어깨를 스쳐야 했다. 바깥 공기를 맡은 은진은 한숨을 내쉬고는 언제나 똑같은 시간과 장소에서 신호등의 초록 불을 기다렸다. 은진은 퇴근을 걱정하며 편의점에서 아침 대

용으로 마실 주스를 골랐다. 그러고는 냉장고에 상쾌한 표정으로 맥주를 마시는 모델 이미지를 나지막이 쳐다봤다. 은진은 마냥 답답한 이 마음을 맥주로 달래고 싶었다.

홍대입구역

 수많은 외국인들과 커플들 사이에서 남정네 혼자 우두커니 스마트폰을 뒤적이고 있다. 은진은 푸른 한기가 서린 연남동에서 하얀 김을 내뿜으며 칵테일 학원을 찾았다. 5분 정도 주변을 기웃거리다가 바로 앞 건물이라는 것을 깨달았다. 은진은 계단을 올라 갈색 문을 살며시 열었다. 문에 걸린 짤랑거리는 종소리에 깜짝 놀랐다. 정신을 차리고 안을 들여다보니 벽에는 호박색 위스키와 알록달록한 술들이 마치 무지개처럼 진열되어 있었다. 은진은 벽에 걸린 스펙트럼을 바라보며 잠시 넋을 잃었다.

 큰 문제 없이 전문연구요원으로 편입되어 은진은 나름대로의 인생의 큰 고비를 넘겼다고 생각했다. 하지만 막상 여유로운 시간을 즐기려 했으나 아무것도 하지 못했다. 평소에 소소하게 즐길 수 있는 취미조차 없었다. 그래서 은진은 대학원 시절 관심이 있었던 칵테일에 대해 깊게 배우고 싶다는 생각이 들어 학원에 등록했다. 수없이 마신 소주의 쓴맛이 너무나도 고통스러웠기 때문이다. 무엇보다도, 취미를 배우러 학원에 간다는 경험을 해본 적이 없었기 때문에 은진에게는 칵테일 학원이 신비롭게 느껴졌다.

 주말마다 은진은 부푼 마음을 가지고 칵테일 학원에 다녔다. 주로 칵테일 레시피를 외우거나, 셰이커에 술을 담아 섞는 방법을 연습했다. 학원 안은 각종 주류와 칵테일 도구들로 가득 차 있었고, 강사의 시범에 따라 학생들이 술을 섞고 맛을 보며 열정적으로 참여했다. 은진은 첫 수업에서 셰이커를 잡고 처음으로 칵테일을 만들며 떨리는 손을 다잡았다.

 강사는 단호하지만 친절한 목소리로 지시했고, 은진은 그의 지시에 따라 모래시계처럼 생긴 지거를 사용하여 재료를 정확한 비율로 섞었다. 셰이커를 흔들 때마다 얼음이 부딪히며 내는 소리와 진동이 생생하게 느껴졌다. 주변에서는 다른 학생들도 각자의 칵테일을 만들며 흥미진진한 표정으로 저마다의 셰이커를 흔들고 있었다. 그 모습은 마치 한 줄로 서서 리듬에 맞춰 움직이는 메트로놈 같았다.

"셰이킹은 리듬이 중요합니다. 손목의 스냅을 잘 활용해야 해요." 강사의 조언에 따라 은진은 셰이커를 더욱 자신감 있게 흔들었다. 셰이킹 후 잔에 칵테일을 붓고 미리 준비한 레몬 슬라이스를 잔의 끄트머리에 얹었다. 그러고는 안도의 한숨을 쉬었다. 강사는 미소를 지으며 은진에게 다가가며 말했다. "생각보다 잘하시네요? 이제 맛을 보는 시간을 가져봐요."

은진은 조심스럽게 잔을 들어 한 모금을 마셨다. 그의 얼굴에 만족스러운 미소가 번졌다. 그 순간, 은진은 칵테일의 매력에 완전히 빠져들었다. 칵테일 학원은 그에게 다른 세상에 잠시 여행을 떠나는 것과 같았다. 칵테일은 평소에 그럴듯한 취미가 없었던 그에게 하루하루 즐길 수 있는 원동력과 신선함이었다.

서울대입구역

 그러던 어느 날, 가산디지털단지역에 막 자취를 시작한 은진의 자그마한 오피스텔에 벨 소리가 울렸다. 동아리에서 알게 된 친구가 오랜만에 연락한 것이었다. 서울대입구역 인근 학교에서 대학원을 다니고 있던 친구는 오랜만에 칵테일 바에서 얼굴을 한번 보자고 했다. 은진은 자취를 막 시작한 터라 매일 밤마다 무료함의 파도에 허우적대고 있었다. 무료함을 덜기 위해서라면 가산디지털단지에서 서울대입구역까지의 거리는 전혀 멀지 않았다. 게다가 칵테일을 배웠음에도 막상 칵테일 바에 가볼 기회가 많지 않았기 때문에 은진은 더욱 신이 났다.

 은진은 쏜살같이 칵테일 바 건물 앞에 도착했다. 정신을 차리고 보니 고시원 건너편의 아기자기한 칵테일 바의 문 앞에 서 있었다. 그의 친구가 만나자고 한 칵테일 바는 아기자기한 대문과는 반대로 내부는 샹들리에가 매력적인 공간이었다. 친구는 먼저 와서 기다리고 있었고, 은진은 친구가 있는 원목의 바 테이블 옆에 자리를 잡고 친구와 인사를 나눴다.

"은진아, 오랜만이다! 잘 지냈어?" 친구가 웃으며 말을 꺼냈다.

"응, 잘 지냈어. 너는 요즘 어떻게 지내?" 은진도 웃으며 대답했다.

친구는 대학원 생활의 고충과 새로운 연구 주제에 대한 이야기를 들려주었고, 은진은 회사 생활의 애로사항과 새로운 프로젝트에 대한 이야기를 나눴다. 두 사람은 서로의 이야기 속에서 웃음을 터뜨리기도 하고, 진지하게 공감하기도 했다.

시간이 얼마나 지났는지도 모르게 서로의 일화를 주고받다 보니, 주문한 연갈색의 칵테일이 등장했다. 은진은 소금과 콜라의 절묘한 맛이 매력인 바탕가를 원샷하고는 개운한 표정을 지었다. 친구도 칵테일을 한 모금 마시며 은진에게 물었다.

"은진아, 너 칵테일 좋아하지? 어떤 칵테일이

제일 좋아?"

"난 네그로니 칵테일을 제일 좋아해. 그 진하고 쓴맛이 정말 매력적이거든. 내 상태에 따라 다른 맛이 느껴져서 참 신기한 칵테일이야."

"그럼 다음 칵테일로 네그로니를 마셔볼까? 나도 한번 느껴보고 싶어." 친구는 궁금한 표정을 지었다.

"너무 좋지, 네그로니 두 잔 부탁해요." 은진은 바텐더에게 말을 전했다.

곧이어 진한 붉은 빛의 네그로니가 테이블에 놓였다. 은진은 친구와 잔을 부딪치고는 네그로니의 깊은 맛을 음미했다. 그러고는 팔짱을 끼며 반쯤 남은 네그로니를 한참 바라보더니 말을 꺼냈다.

"나 앞으로 전국의 칵테일 바를 다니며 다양한 네그로니 칵테일을 즐기고 싶어."

"갑자기? 그리고 칵테일 레시피는 다 같은 거 아니야?"

"칵테일 바 그리고 각자 바텐더의 개성에 따라 바리에이션을 준대, 나에게 맞는 최고의 네그로니를 찾고 싶어."

은진은 싱글벙글 웃는 얼굴로 네그로니 칵테일을 들이켰다.

압구정로데오역

 구운 솔방울 향이 가득한 어두컴컴한 지하의 칵테일 바. 은진은 부드러운 소파에 누나와 함께 앉아 있었다. 누나는 칵테일을 취미로 즐기는 은진을 위해 대한민국에서 손에 꼽히는 칵테일 바에서 한턱 내기로 한 것이었다. 은진은 노란빛 칵테일이 담긴 잔을 흔들며 미래의 커리어에 대해 이야기했다. 아니, 호소했다고 해야 할지도 모른다. 대체복무가 곧 끝나가는 터라 앞으로의 인생에 대한 방향을 정해야 하는데, 은진은 정하지 못하고 혼란을 느끼고 있었다. 사실 은진은 무엇을 좋아하는지, 무엇을 잘하는지조차 스스로 잘 몰랐으니 그럴 만도 했다. 은진은 대한민국 대표 칵테일 바인 압구정로데오에 위치한 이곳에서 제대로 칵테일을 즐기지 못했다. 마음이 성치 못하니 매력적인 이 칵테일 바의 시그니처 칵테일도 그저 설탕이 들어간 알코올일 뿐이었다.

어떤 선택을 하든 잘할 것이라는 말로 응원하는 누나를 보니 은진의 얼굴도 온화해졌다. 누나는 은진에게 자신의 연습생 시절에 겪었던 어려움과 그때마다 어떻게 극복했는지 이야기를 들려주었다. 누나의 조언과 경험담은 은진에게 큰 위로와 용기를 주었다.

"누나 덕분에 조금은 마음이 편해진 것 같아, 고마워. 담배 좀 피고 올게."

은진은 계단을 오르고 담배에 불을 붙이자 길거리에 유독 눈에 띄는 외국인이 불안한 눈동자를 흔들며 지도를 가리키고 있었다. 외국인은 은진에게 영문 모를 말을 해댔다. 핸드폰 화면에 보이는 솔방울과 칵테일 잔을 보니, 은진이 방금 나온 칵테일 바를 가리키는 것 같았다. 은진은 두 눈을 빠르게 깜빡이고는 외국인과 함께 칵테일 바로 다시 들어갔다.

누나와 대화를 하던 중, 은진은 바 테이블에 혼자 앉아 있는 외국인을 발견했다.

"저 외국인은 누구야?" 누나가 궁금한 듯이 물었다.

"혼자 온 것 같아," 은진이 대답했다.

누나는 은진을 바라보며 말했다. "합석해서 대화해보는 건 어때? 왠지 재미있을 것 같아."

은진은 누나의 제안에 고개를 끄덕이고 외국인에게 다가가 영어로 질문을 했다. "안녕하세요, 혼자 오셨어요? 저희와 같이 앉으실래요?"

외국인은 은진의 제안에 놀란 듯했지만 곧 환한 미소를 지으며 대답했다. "정말요? 그럼 기꺼이!"

그렇게 은진과 외국인은 누나와 함께 앉아 대화를 시작했다. 외국인은 자기가 온 나라에서 인기 있는 칵테일을 소개하며, 은진과 누나에게 새로운 칵테일에 대한 호기심을 자극했다. 그들은 각자의 문화와 칵테일에 대해 이야기를 나누며, 은진은 자신이 아직 모르는 칵테일의 세계가 얼마나 넓고 흥미로운지 깨달았다.

마곡나루역

대체복무가 끝난 은진은 약간의 쉬는 시간을 가지며 마곡나루역 인근의 한 회사에서 일하게 되었다. 쉬는 기간 동안 은진은 칵테일 바에는 가지 않았지만, 마음 한 켠에는 바텐더가 되고 싶은 꿈이 자리 잡고 있었다. 사실 은진은 가끔 무모하다. 그리고 그 무모함을 스스로도 잘 알고 있다. 사회생활을 하면서 그는 현실이 녹록지 않고, 흐르는 대로 살아야 편하다는 것을 깨달았다. 그래서 잠시 벅차올랐던 바텐더의 꿈을 접어두었다. 대신 은진은 좋아하는 칵테일을 마음껏 즐기기로 했다. 그리고 칵테일 바 투어를 취미로 삼게 되었다.

시간이 흐르면서 은진은 바텐더로 일하는 여자 친구를 사귀게 되었다. 그는 오랜만에 사귄 여자 친구가 자신이 이루지 못한 바텐더의 꿈을 대신 이루고 있는 것이 너무나도 좋았다. 여자 친구와 새로운 칵테일 레시피에 대해 아이디어를 나누고, 다양한 재료들을 섞어가며 새로운 맛을 탐구하며 둘만의 칵테일을 완성해 갔다. 함께하는 시간이 쌓이면서 두 사람의 관계는 더욱 깊어졌다.

그러나 현실과 이상은 다르기 마련이었다. 은진은 여자 친구와 칵테일 바에서 시간을 보내며 바텐더의 고충과 진상 손님들을 알게 되었다. 그의 여자 친구의 손에는 핸드크림과 약으로 낫지 않는 습진을 가지고 있었으며, 술을 마시고 싶지 않음에도 손님과의 교류를 위해서 술을 마셔야 했다. 아울러, 늦은 퇴근 시간으로 인해 일상을 유지하는 것이 힘들었다.

은진은 자신이 바텐더의 길을 걸을 수는 없을지라도, 여자 친구를 통해 바텐더의 꿈을 간접적으로 경험하며 행복했다. 그리고 여자 친구와 함께 세상의 모든 음료를 즐기는 삶을 살고 싶었지만, 그러지 못했다. 현실적으로 불가능하다는 것을 알면서도 무모하고 긍정적인 면만을 바라보는 그는 어쩌면 이상만을 꿈꾸는 어린아이일지도 모른다.

그러던 어느 오후 8시, 은진에게 연락이 왔다. 취객이 난동을 피운다며 여자 친구의 두려움에 떨린 목소리였다. 은진은 칵테일 바에 도착하고 황급히 문을 열었다. 한 남성이 바 테이블 건너편의 여자 친구의 손목을 쥐어 잡으며 소리를 치고 있었다. 그리고 취객은 은진을 보더니 아무일 없었단 듯이 황급히 자리에 앉았다. 은진도 따라 그 취객 옆에 앉았다. 그리고 은진은 취객에게 말을 걸었다.

"혼자 오셨나 봐요? 무슨 일 있으세요?"

"아뇨, 저 바텐더가 저를 무시하는 것 같아서요. 술만 대충 섞으면 되는 거 가지고 생색 엄청 내네"

은진의 여자 친구는 표정이 없는 얼굴로 푸른 벽을 그저 바라볼 뿐이었다.

"야 바텐더, 대부분의 손님은 젊고 예쁜 너 보러 오는 거야. 이딴 달콤하기만 한 술은 신경 안 쓴다고."

"저 선생님 여기는 선생님이 생각하시는 그런 바가 아니에요."

"어쨌든 술 파는 건 같잖아? 눈깔아"

은진은 취객과 몇 번의 대화를 나누다 포기했

다. 시간이 잠시 흘렀을까, 취객은 악담을 쏟아 붓고는 홀연히 사라졌다. 은진은 여자 친구에게 위로의 말을 전했다.

"네가 만들어주는 칵테일 맛있어, 그냥 취한 사람의 헛소리라 생각해."

"괜찮아 오빠, 나도 질리게 들어온 소리야."

둘 사이의 대화에 잠시 침묵이 흐르고 은진의 여자 친구는 칵테일을 만들러 갔다.

신당역

 비가 쏟아지는 여름. 은진은 신당역의 어느 퓨전 파스타집에서 불편한 탐색전을 치르고 있다. 여자 친구와 헤어지고 친구들이 주선한 소개팅을 몇 번 받았었지만, 유독 오늘따라 머피의 법칙을 온몸으로 경험했다. 단정히 차려입은 옷과 신발은 우산이 고장 나서 반쯤 젖었고, 습한 날씨 때문에 질척거렸다. 커피를 잔뜩 마신 탓인지 눈 밑은 떨리고, 에어컨 바람으로 인해 감기에 걸려버렸다. 그야말로 최악의 상태였다. 그래도 은진은 이미 약속 장소에 왔으니 최대한 즐기자고 마음먹었다. 최악의 상태인 것과는 다르게 상대와의 시간은 의외로 즐거웠다. 재미있게 이야기를 나누던 중, 은진은 무심코 자신이 칵테일을 좋아한다고 말했다. 그러자 상대는 반짝이는 눈으로 말했다.

"정말로 칵테일을 좋아하시나 봐요. 저는 칵테일에 대해 잘 모르는데 꼭 같이 마시고 싶어요."

상대의 말을 들은 은진은 문득 머릿속에는 한 문장이 빙빙 맴돌았다.

'내가 정말 칵테일을 좋아하는 게 맞나?'

은진은 이 영문 모를 의문을 머리에 안고, 칵테일에 대한 자신의 경험과 재미있는 사실들을 이야기하며 대화를 이어갔다. 어느덧 식사가 마무리되고 다음 장소를 정할 시간이 다가왔다. 은진은 농담 반 진담 반으로 신당역의 유명 칵테일 바에 가자고 제안했다. 상대도 관심이 있었는지 승낙했고, 두 사람은 얼떨결에 칵테일 바로 향했다. 그리고 무당 컨셉 칵테일 바 2층의 좌식석에 앉았다. 칵테일 바에는 한국식 무녀복을 입은 바텐더가 분주하게 셰이킹과 서빙을 하고 있었고, 벽에는 부적이 붙여져 있었다. 그러나 은진은 이 독특한 컨셉의 바를 온전히 즐길 수 없었다.

그 순간, 은진의 눈앞에 한 장의 부적이 눈에 들어왔다. 그 부적은 마치 은진에게 무언가를 전하고 싶은 것만 같았다.

네그로니의 여운이 남은 입가에 쓴웃음을 머금

은 채, 은진은 알 수 없는 예감에 가슴이 뛰기 시작했다.

지하철 타고, 인생도 돌아보고

이경란

아해사랑 블로그 운영, 에세이스트, 브런치스토리 작가.
『왕년의 교사 아해사랑 이야기』를 펴냈고, 공저 『삶의 문을 열다』, 『가방에 담아온 여행 이야기』가 있다.

나이 탓 1(잠실역)

'이번엔 실수 없이 지하철을 타고 가리라.'

 단단히 마음먹었다. 스마트폰 앱으로도 시간을 확인했고, 네이버 지도로도 미리 검색해서 위치를 정확하게 알아두었다. 잠실 종합운동장역에 내려야 할 것을 잠실역에 내려 당황했던 그날처럼 하지는 않으리라.

 잠실에서 출발이라는 것만 기억하면서 이른 아침 지하철을 탔던 날이 있었다. 대절 버스를 타고 1박 2일 여고 동창에 가기 위해서였다.

 잠실이라는 말만 뇌리에 박혀 몸은 잠실역을 목적지로 삼고 가고 있었다. 내가 머릿속으로 떠올리는 건 이문세 공연이 있었던 종합운동장 주 경기장이고, 단 한 번 가 보았던 프로야구 경기장, LG와 두산의 경기가 있었던 곳이다.

TV로만 보던 야구장에 갔던 날 사람들 틈에 끼어 응원했던 시간을 떠올려 본다. 치어리더의 응원에 맞춰 함께 함성 지르고 몸을 들썩였을 땐, 온몸에서 열기가 나고 생동감도 있었다. 학교 운동장에서 응원하는 모습이 사라진 게 아쉬웠고, 부끄러움 따윈 없었다. 목청껏 소리 지르고, 그 속에서 함께 뛰는 건 자연스러운 것이었다.

 발걸음이 가벼워졌다. 다시 프로야구 경기장 찾을 날을 고대하며 잠실역에서 내려 6번 출구를 찾아 나왔다. 아무도 보이지 않았다. 내가 생각했던 그 신났던 야구장도 우리를 데리고 갈 버스도 보이지 않았다. 다시 출발 장소를 확인해 보니 '아뿔싸' 종합운동장역이다. 그나마 일찍 출발해서 다시 잠실역으로 갈 시간이 되었고, 다행히 늦지는 않았다. '어휴'

 오늘도 대절 버스를 타고 대구에서 하게 된 총동창회 행사에 참여하게 되었다. 또 잠실이란다. 잘 보니 종합운동장역 6번 출구이다. '이번엔 틀림없이 실수하지 않고 가리라.' 영등포구청역에서 내려 환승할 때도 방향을 잘 보고 탔다. 시간도 딱 맞추어 제시간에 도착했다. 요즘 사용하고 있는 스마트폰 앱 '지하철 종결자'가 도움을 주었다. 몇 시에 출발하면 좋은지, 시간도 정확히 알려 줄뿐더러 어느 칸에서 타면 빠르게 탈 수 있는 지까지 알려준다. 참 좋은 시대다. 나 정도면 신식 할머니 아닌가.

"이 나이에 나도 스마트한 할머니이다. 이번엔 실수하지 않고 갈 수 있다."

당당하게 실수 없이 제시간에 도착했다. 잠실로 가지도 않았고 곧바로 종합운동장역 6번 출구로 왔다. 친구 한 명은 지하철을 반대로 타서 늦어졌다며 연락을 해 왔고, 우리가 전화로 확인하고 기다려 주었다. 나는 이번에 거꾸로 타지도 않았고, 엉뚱한 장소에 가지도 않았다. 실수 없이 하루를 잘 보내고 오길 바라는 마음으로 본 창밖에 가을이 보였다.

대구까지 가는 동안, 시간을 잘 지키며 무사히 갈 수 있었고 목적지에서의 행사도 별 무리 없이 참여했다. 맛난 음식과 수성못 산책도 시간 맞추어 잘했다. 특히 돌아오는 길에 친구의 인맥으로 이천에 있는 이문열 작가의 '부악문원'이라는 곳까지 다녀올 수 있었다. 문학계를 위해 사재를 털어 마련한 곳이며 집필활동에 전념할 어려운 작가들을 위한 공간으로 만들었다고 하니 더욱더 존경의 마음이 든다. 이문열 선생님과 사진도 찍고, 말씀도 듣고, 친절한 사모님께 덤으로 모과까지 두 개나 얻어 올 수 있었으니 따뜻한 마음까지 안고 가는 듯하다. "대부분 작가의 글은 작가의 경험이 그대로 묻어난다."는 말씀이 가슴에 와닿았고, 작가는 발로 뛰며 체험을 많이 해 봐야 한다는 어느 교수님의 강의와 일맥상통하는 게 있다.

 모든 게 순조롭다. 출발했던 종합운동장역에 도착한 시간이 예정 시간이었던 밤 9시 정각, 딱 맞아떨어진다. 서로서로 헤어짐의 인사도 나누고 지하철을 타러 내려갔다. 우리 동네 사는 선배와 함께 집으로 가는 지하철을 타면 된다. '정각 9시 잠실 도착, 곧 가요.' 남편에게 문자도 보내었다.

 우리가 내려가자마자 기다렸다는 듯 급행 지하철 도착이다. 우리 두 사람은 기쁨의 눈 맞춤을 하며 냉큼 올라탔다. 지하철도 늦은 시간이라 여유롭다. 빈자리가 많으니 앉아서 편안한 마음으로 몸을 기대고 선배와 도란도란 이야기를 나누며 집으로 향했다. 다음 정거장을 지나가는 동안 이야기에 집중하느라 아무 생각이 없다. 무심코 들려오는 소리, 다음 역이 올림픽공원역이란다.

 "아고야!" 반대 방향이다. 순간적으로 새벽에 출발하면서 탔던 중앙보훈병원행 기차에 그대로 타고 말았다. 나이 탓을 해야 하나? 이 늦은 밤에 70을 바라보는 두 할머니, 다음 정거장에 무조건 내렸다. 갑자기 피로가 마구마구 몰려온다.

나이 탓 2(고속터미널역)

 강남 고속터미널역으로 버스 택배를 종종 부탁했다. 지인이 하는 고향의 00 한우, 신선도는 말할 것 없고 살짝 구웠을 때 맛과 향이 특별하다. 아침에 주문하면 당일 손질해서 서울행 버스에 올려주니 도착 시간에 맞춰 찾으러 가면 된다. 서너 시간이면 찾을 수 있으나, 불편한 건 당일 도착시간에 찾으러 가야 하는 것이다.

 큰아들 집에서 집들이를 하기로 한 날이다. 할매 할배 노릇 잘해보려는 마음에 주문해 놓고, 시간 맞춰 나갔다. 나는 차를 돌려놓고 기다리고 있고, 남편이 찾으러 갔다. 그런데 빈손으로 돌아왔다. 물건 표를 보여주니 이곳이 아니라 했단다. 그제야 확인해 보니 동서울터미널로 되어 있다. 우리도 제대로 안 보고 왔다. 늘 고속터미널이었는데, 어찌 그곳으로 보내었단 말인가. 오늘은 토요일이다. 길은 온통 주차장을 방불케 하는데, 고속터미널에서 동서울터미널까지 다녀오려니 까마득하다.

 고속터미널역에서 동서울터미널까지 다시 다녀와 아들이 사는 곳까지 가려면 시간이 오래 걸린다. 저녁에 가족들이 함께 모여 먹을 것인데 다녀오면 밤늦은 시간이 될 것이다. 어린 손녀들이 잠들 수도 있다.

 공연히 그 먼 곳에서 배송까지 시켰다는 생각에 후회가 되었다. 하는 수 없이 이 상황을 애들에게 이야기하고 동서울터미널을 다녀와야 하니, 먼저 저녁을 먹으라고 해야 한다. 집들이 모임인데 우리 부부 없이 자기들끼리 먼저 먹으라고 하면 기다리겠다고 할까 봐 또 걱정이다. 진즉에 맛난 것 할배 할매가 고속터미널 가서 찾아서 간다고 해 두었으니 달리 둘러댈 말도 없다.

 그냥 봉투 하나만 준비해 주고 가볍게 갈까 하다 이왕이면 봉투도 주고 손녀들에게 점수도 좀 따볼까 하는 요량으로 준비했는데 말이다. 머릿속이 복잡해지고, 피로감도 몰려온다. 핸드폰을 들었다.

 "아들, 고속터미널 왔는데 엄마 아빠가 다시 동

서울터미널까지 갔다 와야 해."

 자초지종을 듣더니 아들과 옆에 있던 큰 며느리가 큰 소리로 이야기한다.

 "어머님, 지금 차가 너무 막히는 시간이라 힘드셔서 안 돼요. 그냥 오세요. 퀵으로 하면 돼요. 저희들이 알아서 할게요. 톡으로 배송표 보내주세요."

 남편이 반긴다. '퀵'이라는 것은 생각하지도 못했다. 나는 얼른 배송 표를 아들에게 카톡으로 보내었다. 아들 며느리가 얼마나 고마운지 모르겠다. 동서울터미널까지 갔다가 되돌아올 생각을 하니 막막하기 짝이 없었는데 그것을 해결해 주었다. 아들 집으로 가는 길도 차는 여전히 막힌다. 남편도 진이 빠진 듯 옆에서 보니 피곤해 보인다. 느릿느릿 운전으로 아들 집에 도착했다.

 식구들 모두 모여 시끌벅적하다. 모처럼 만난 손녀들은 사촌끼리 모여서 장난감을 가지고 신나게 놀고 있다. 이 모습은 내가 바라던 모습이다. 그런데 안으로 들어가자 커다란 아이스박스가 눈에 들어온다. 내가 주문한 것이 우리보다 먼저 와서 환영받은 듯 보인다.

 우리 부부가 아이스박스를 번쩍 들고 들어와 손녀들에게 "맛난 것 구워 먹자." 하려던 그림은 그

려지지 않았지만, 두 배 먼 곳, 동서울터미널에서 출발한 녀석이 먼저 와 있다니, 참으로 놀랍다.

역시, 젊은이들이 샤프하다. 공연히 나이 탓을 해 본다. 아이들에게 이야기하지 않고 갔다면, 우리 부부는 낑낑거리며, 불평불만 하며 동서울터미널로 향했을 것이다.

나이 탓 3 (용산역)

 용산역은 호남선 출발역이다. 이곳에서 출발해서 목포 여행을 다녀온 적이 있다. 동남아 단체 해외여행에서 볼 수 있는 이름이 쓰인 팻말을 들고 우리를 맞이했던 목포역도 그려진다. 여행을 출발할 때, 북적임이 있는 그곳으로 시누이와 영화를 보기 위해 모처럼 나갔다.

 시누이는 창원에서 올라와 가수 임영웅의 영화를 보기 위해 일주일 동안 매일 영화관을 찾았다. 그날은 나에게 영화를 보여주겠다며 함께 가자고 했다. 용산역 CGV 영화관이다. 평소이면 지하철로 가겠지만 밤늦은 시간에 보는 것이라 마치고 나서 지하철을 못 탈까 봐 걱정되어 자동차를 가지고 나갔다.

 주차장으로 올라가는 길이 복잡하게 느껴졌다.

어디로 가야 영화관 주차장으로 가까이 갈 수 있을지 헤매기도 했다. 이해하기 힘든 표지판만 있고, 물어볼 사람조차 보이지 않는다. 시누이는 용산에 살고 있는 아들에게 전화해서 주차장 가는 길을 물었다.

"나, 고모야, 엄마랑 영화 보러 용산역 왔는데 엄마가 주차장을 잘 못 찾는다. 어떻게 가야 해?"

시누이가 나를 못 믿고 불안해하니 아들이 설명해도 내 귀에 잘 들어오지 않는다. 결국 돌다 보니 차가 큰길로 다시 나오게 되었다. 길 가는 사람에게 용산역 CGV 주차장 맞는지 확인한 후에 다시 주차장으로 향했다. 주차장 입구로 들어오니, 사람은 없고 길은 밤하늘을 향하는 듯 올라가 마치 우주에서 주차장을 헤매는 듯하다.

서해안 방향, 지방에서 올라오는 사람들의 첫 관문인 용산역인데, 사람의 향이 묻어나는 용산역이 아니라, 미래도시역을 찾아온 듯하다. 길눈이 밝다고 자부심 갖던 내가 헤매고 있었다.

젊고 활기찬 곳, 거기서 헤맨 건 나이 탓. 또 나이 탓을 해 본다.

레트로 서브웨이

김서정

떠오르는 생각이나 일상의 기록을 글로 남기는 것을 좋아한다. 최근에는 취미로 등산과 러닝을 하며 성장 일기를 남기는 재미로 삶의 활력을 채우고 있다.

서울의 지하철역에서
그때의 나를 만나다

#덜컹거리던 느림의 미학, 당산역

태어나 처음으로 지하철을 탔던 구간은 홍대입구역에서부터 당산역까지였다. 가끔 지하철을 타고 싶었던 건 당산 철교를 지나는 재미 때문이었다.

당산 철교를 지날 때의 느린 덜컹거림과 반짝이는 한강뷰를 좋아했다. 매표소에 "당산이요"라고 얘기하면 요술램프에서 나오는 보물처럼 툭 던져주시던 초등학생용 노란 1회권 티켓. 그리고 드르륵 매표권이 들어갔다 나오는 경쾌한 소리. 합정역을 지나고 깜깜한 터널을 벗어나 지상의 밝은 빛이 눈부시게 들어오면 어느새 덜컹덜컹 소리가 들리기 시작한다. 그 시절 2호선은 당산 철교를 지날 때면 매우 느린 속도로 움직였다.

덜컹덜컹 그 후 1초의 기다림. 그리고 다시 덜컹덜컹. 어렸던 나는 이런 느린 순간을 답답해하지 않았다. 하루의 시간이 천천히 흘러가던 시절이었기에 좀 더 오래 철교 위에 머무르며 느림의 미학을 즐기고 있었는지도 모르겠다. 승강문에 기대어 서서 한강을 멀리 바라보기도 하고 아래쪽을 내려다보며 "무서워"라며 자그맣게 외치기도 했다. 저녁 무렵의 한강은 더없이 반짝였고, 일렁이는 잔물결이 만드는 형상이 움직일 때마다 두 눈이 같이 움직이고 있었다. 마치 눈과 마음에 연필이 달려 시선을 옮기는 그대로 그림을 그리는 것만 같았다고나 할까. 두 정거장의 지하철 여행은 그저 모든 것이 신기하고 재미나기만 했다.

1997년의 어느 날부터 당산 철교는 건널 수 없는 곳이 되었다. 합정역에서 당산역으로 갈 때는 난데없는 셔틀버스를 타야 했다. 성수대교 붕괴 사고 이후 모든 불안정한 교각들은 보수공사에 들어갔다. 덜컹덜컹 그 후 1초의 기다림도 그럴 만한 분명한 이유가 있었던 것이었다. 보수공사 기간은 많은 기다림을 필요로 했다. 그리고 기다림의 시간으로 인해 강남 방면으로 가는 일도 자연스레 줄었다. 귀찮은 것도 이유였지만 어린 시절 일상의 탈출과 같았던 두 정거장의 지하철 여행이 추억에서 삭제되는 것 같았기 때문이었다.

세기말에 당산 철교는 다시 개통되었고 느린 덜컹거림은 더 이상 없었다. 이젠 안심하고 건널 수 있는 당산 철교가 되었고, 반짝이는 일렁임과 잔물결이 만드는 형상은 제대로 느끼기 어려울 만큼 빠른 속도로 지나가고 있다. 한 시절 소소한 일탈과 같았던 느림의 미학은 그렇게 종결되었다.

#**당연한 것의 당연하지 않음, 충무로역**

방종과 방황 사이를 오가던 2003년의 가을. 충무로역 대한극장에서 〈냉정과 열정 사이〉를 관람하고 나오는데 아련함이 가슴과 머리도 모자라 뼈에까지 사무치던 기분이랄까. 모든 슬픔은 나에게 다가오는 것 같았고, 세상 모든 인연이 덧없게 느껴졌다. 차가운 바람에 마음은 더없이 시렸고, 다 떨어져 버려 앙상한 나뭇가지는 왜 그리도 고독해 보이는지. 그날은 내 인생에서 지독히도 슬프고 아픈 가을날이었다.

그 후로 대한극장은 일상에서 영영 삭제되는 줄만 알았다. 충무로의 대한극장까지 가서 영화를 볼 만큼 삶의 무게는 가볍지도 여유롭지도 않았다. 게다가 대형 멀티플렉스 영화관이 동네까지 생겨나다 보니 영화 관람 루틴은 어느새 집 근처 영화관으로 고정되어 버렸다. 그렇게 20년쯤의 세월을 살아냈을까. 삶의 무게는 조금은 가벼워졌고 여유라는 것도 생기기 시작했다. 그 무렵부터 매년 가을엔 그날의 아련한 추억이 떠올라 언젠간 대한극장에서 재개봉하는 영화가 있으면 꼭 보고 와야지 다짐하곤 했는데. 그렇게 기약 없이 미루기만 했던 그 '언젠가'는 결코 만날 수 없는 시간이 되어버렸다. 언제나 거기 있을 줄 알았던 대한극장이 2024년 9월 30일을 끝으로 폐업하고 말았기 때문이다. 서울극장과 단성사는 진작 없어졌지만 대한극장은 꽤 늦게까지 남아있었기에 대한극장은 산처럼 바다처럼 거기 그대로 있을 줄만 알았다. 하물며 자연도 영겁의 시간이 흐르면 변하는 것을. 당연히 그 자리에 계속 있을 것만 같았겠지만 영원한 건 없다. 그러니 바로 지금, 오늘이 디데이다. 망설일 시간은 없다. 다음이란 건 반드시 기약할 수 있는 건 아니기 때문에.

#나의 삐삐머리 소녀는 어디에, 광화문역
　광화문역 7번 출구 앞을 지나다 고디바 매장 앞

에 잠시 멈춰 선다. 진한 초코 아이스크림이 먹고 싶어서였을까. 그러나 나의 상념은 20여 년 전 바로 이 자리로 돌아가 있었다.

빨간 삐삐머리 여자아이 마스코트가 유난히 정겨웠던 곳. 교보문고에서 밀란 쿤데라의 『참을 수 없는 존재의 가벼움』을 구입했던 바로 그날. 참새 방앗간처럼 이곳에 들러 햄버거 세트를 사 먹었었다. 다만 그날은 완전히 혼자였다는 것. 내 인생에서 일명 '혼밥'의 역사에 점을 찍던 날이었다. 여기 있는 모든 사람들이 나만 보고 있는 것 같아 허겁지겁 버거 세트를 먹어 치우고 도망치듯 그곳을 빠져나왔다. 혼자 식당에서 음식을 먹는다는 건 꽤나 과감한 용기를 필요로 했던 나이였다.

멈춰 섰던 이유는 아이스크림 때문이 아니었다. 햄버거는 거기서 거기다. 하지만 그 시절의 웬디스 버거는 정확하게 기억도 못 하지만 사무치게 그리워 자꾸 생각나는 맛. 추억의 맛이라는 표현이 더 적절할까. 이젠 국내에선 찾을 수 없는 웬디스 버거가 먹고 싶어서였다. 웬디스 버거가 그리워져 다음 외국 여행에선 웬디스 버거를 먹을 만한 곳이 어디 있을까 찾아보는 중이다. '빨간 삐삐머리 아가씨, 기다려!!'

#기억의 파편들을 모아본다, 청량리역

 오랜만에 청량리역에서 KTX를 타고 여행을 떠나는 길이다. 이번 여행지는 안동. KTX는 서울역이나 용산역을 주로 이용했기에 실로 오랜만에 청량리역에서의 기차여행이다. 마지막으로 청량리역에서 기차를 탔던 기억조차 삭제되어 버린 듯하다. 문득 한가지 기억이 떠오르기 시작한다.

 대학 새내기 시절 꿈과 로망의 첫 엠티 장소는 다름 아닌 대성리였다. 그날은 청량리에서 처음으로 기차를 탄 날이었고 내 인생에서 처음이자 마지막으로 통일호 기차를 탔던 날이기도 했다. 개별 좌석이 아닌 2인 좌석이 하나로 붙은 파란색 패브릭 소재에 등받이 머리 부분에 커버를 덧씌운 열차 좌석. 승차감도 좋지 않았으며 빨리 가지도 못했던, 기차가 아닌 것 같았지만 분명 기차라고 불렸던 통일호였다. 경춘선을 달려 호수가 넓게 펼쳐진 대성리에 도착했고 바로 숙소로 향했기 때문에 사실 당시의 풍광은 전혀 떠오르지 않는다.

 엠티를 갈 때는 커다란 기타와 카세트 플레이어를 들고 다니던, 우리는 그렇게 세기말의 대학생이었다. 그리고 밤새도록 음주 가무를 즐기며 진정한 해방과 자유를 만끽했던 우리는 마치 우주의 중심이 우리를 중심으로 돌아가는 줄만 알았던 치기 어린 스무 살이었다.

대성리역 앞에서 필름 카메라로 찍은 빛바래져 버린 사진 속 청춘들은 이제 인생과 세상의 무게를 제법 짊어진 중년 어른이 되어버렸다. 그때 함께 술잔을 기울이던 녀석들은 어디서 어떻게 살고 있을까. 가끔은 그 시절이 그리워 라면을 한 그릇 끓여 놓고 새우깡을 한 봉지 뜯어 소주잔을 기울인다. 한 잔 두 잔 술잔을 비우다 보면 젊었고 건강했고 예뻤고 무한한 꿈을 꿀 수 있었고, 소주와 안주를 아무리 먹어도 살이 잘 찌지도 않던 그 시절의 나를 만날지도 모르겠다.

오늘, 청량리에서 안동으로 가고 있는 나는 청량리역의 또 다른 여정을 기억하는 중이다. 청량리, 통일호, 대성리라는 기억의 파편들을 스무 살 그곳에서 꺼내어오고 있다.

#처음 비행기를 타는 꿈은 여기서 이루어질 거야, 김포공항역

강서구 공항동. 내가 열 살까지 살던 동네의 이름이다. 하루에도 수십 번씩 비행기 소리가 들렸고 가끔 하늘을 올려다볼 때면 심심찮게 비행기를 볼 수 있었다.

할아버지가 일본으로 출장을 가시던 날, 아빠는 나를 김포국제공항에 데려가 주셨다. 집에서 올려다볼 때보다 더 큰 비행기를 볼 수 있었던 그날. 이 모습이 마냥 신기했을 천진난만한 여섯 살 꼬마의 표정이 아빠가 똑딱이 카메라로 찍은 몇 장의 사진에 담겼다. 꼬마는 비행기라는 건 할아버지처럼 훌륭한 어른이 되면 탈 수 있는 줄로만 알았다. 놀이동산의 비행기가 아닌 언젠가는 진짜 비행기를 탈 수 있는 날을 상상하기도 했다.

고등학교 때 드디어 우리 동네에도 지하철이 들어섰다. 내가 사는 곳에 지하철이라니 이것만으로도 신기한데 김포공항역에는 저절로 움직이는 길이 있다니. 토요일 학교가 끝나는 대로 친구들과 김포공항역을 찾았다. 무빙워크라는 것을 처음으로 타보며 어린 시절 비행기를 타는 상상을 하던 설렘이 되살아났다. '나도 어른이 되면 이곳을 지나 비행기를 타러 가겠지. 스무 살이 넘으면 갈 수 있을까?' 대학만 들어가면 세상에 못 할 것도 두려울 것도 없을 것만 같던 시절. 이보다 확실한 동기부여는 없었다. 그날 저녁은 어느 때보다도 공부에 집중할 수 있었다.

 하지만 김포국제공항이 이렇게 가까운데도 비행기를 처음 타는 날은 생각만큼 금방 오진 않았다. 어른이었지만 어른이 아니었던 시절. 그때의 난 도전할 용기가 없었다. 뭐가 그리 무섭고 생각도 많았던 걸까. 막연한 두려움에 망설임의 시간만 보내다 결국 꿈은 이루지 못했다. 꿈을 꾸는 일은 참 쉽지만 꿈을 이루는 일은 결코 쉽지 않다. 비록 꿈을 이루지는 못했지만 꿈을 꿀 수는 있었기에. 다른 꿈을 이룰 수 있는 디딤돌이 되어준 이곳은 바로 5호선 김포공항역이다.

서울의 지하철역에서 보내는 편지

#비행기를 타고 싶던 25년 전의 나에게, 김포공항역

 반갑다. 꿈도 많고 생각도 많은 예쁜 아가씨. 난 지금으로부터 25년 뒤의 너야.

 지금은 알지 못할 테지만 넌 20대라는 꿈같은 세월을 살아내는 중이란다. 30대가 지나고 40대가 될수록 너의 인생은 탄탄대로며 꽃길만 걸을 줄 알았겠지. 하지만 네 인생은 지금부터 매일매일이 숙제가 될 거야. 이젠 네 인생에 스스로 책임질 내공을 갖춰야만 해. 지금 넌 계획도 목표도 없이 되는대로 하루하루를 살고 있지. 물론 20대의 방황은 조금은 필요하긴 해. 그건 네가 30대를 그리고 40대를 살 때까지도 어느 정도의 밑거름이 되어주긴 할 테니까. 하지만 인생은 길고 세상은 하루아침에도 달라지기에 변화에 당황하지 않기 위해선 다양한 경험을 쌓는 것이 중요해. 그리고 방황도 노는 것도 배우는 것도 한 가지 방법만 따라가는 건 옳지 않아. 편한 게 좋다고, 익숙지 않음이 두려워서 다양성을 수용하지 않는다면 넌 유연한 사고를 할 수 없게 된다고. 40대는 지금과는 비교도 할 수 없는 많은 상황을 대면하게 될 것이며, 많은 생각을 해야 할 거야. 지혜롭게 너의 삶을 디자인하기 위해 되도록 많은 것을 배워보고 많은 사람들을 만나보고 되도록 많은 책을 읽으렴. 특히 여행이 정말 중요해. 세상을 보는 안목과 가치관을 변화시키는 데 여행만큼 이로운 건 없어. 엄마한테 등짝 스매싱을 당하고 내쫓기는 한이 있더라도 바다 건너 여행은 많이 가보렴. 신혼여행이 첫 해외여행이 되어선 안 돼. 더군다나 2020년 이후 3년 정도는 역병으로 해외여행이 여의찮을 거야. 그러니 내 말을 꼭 기억하렴. 한낱 꿈을 현실로 만드는 일은 너의 용기와 선택에 달렸어. 인천국제공항이 아닌 김포국제공항으로 네 인생의 첫 해외여행을 기록해 보면 어떨까?

#인생의 두 번째 봄을 맞이할 너에게, 여의도역

네 인생에서 처음으로 기억될 아름다운 봄을 선물하고 싶었어. 물론 육아로 답답했던 생활을 잠시나마 벗어나고 싶어 그런 구실을 갖다 붙인 건지도 몰라.

 두 돌이 지난 너를 유모차에 태워 윤중로 벚꽃길을 하염없이 걸었어. 따사로운 봄볕에 찬란하게 빛나던 그날의 벚꽃잎은 세상이 온통 핑크빛만 있는 것 같은 기분이 들게 해주었지. 너는 뭐가 그리 좋았는지 손뼉을 치고 엉덩이를 들썩이며 유모차에서 내리고 싶어 했어. 네 아빠는 너를 들어 올려 목말을 태우고 너는 살랑이는 꽃잎에 손을 뻗었지. 사람들은 너의 그런 모습을 보며 흐뭇한 미소를 지었어.

 그 봄을 기억하게 해주고 싶었던 건 나의 욕심이었나 봐. 너는 아직 너무나 어렸고, 대신 그날 너의 설렘과 즐거움은 나의 두 눈에 소중히 담았지. 그렇게 너는 기억하지 못하는 너의 첫 번째 봄.

 그리고 15년이 흐른 어느 봄날, 너는 내게 여자 친구와 여의도에 왔다며 카톡으로 사진을 한 장 보내왔지. 두 아이들의 손 위에 벚꽃 한 송이씩 올려진 그림같이 예쁜 사진을. 너는 그렇게 네 인생에서 두 번째로 기억될 봄을 누구보다 예쁘게 만들어가고 있구나. 너의 진짜 봄은 이제부터 시작이야. 나는 너의 첫 번째 봄날을 조용히 곱씹으며 다가올 너의 두 번째 봄과 여름, 그리고 가을 어느 날까지도 너의 가장 든든한 버팀목이 되어줄 준비가 되어 있어. 그리하여 네가 지금의 내 나이가 되어 회상할 네 인생의 모든 계절은 각각이 아름답고 소중한 추억의 보석상자로 기억되었으면 좋겠어.

작가의 말

작가의 말 · 김서정

  레트로 감성을 좋아하는 사람으로 어린 시절이던 1980년대부터 20대 초반이던 2000년대까지 서울에서 지하철을 타며 경험했던 추억과 에피소드를 곱씹어보고 싶었다.

  치열한 하루의 시작과 끝에는 늘 지하철에 몸을 싣고 있었다. 지금은 출근을 하기 위한 생계의 수단으로 더 많이 타는 지하철이지만, 지하철을 타고 어디론가 떠나는 것 자체가 여행이었고 설렘이던 시절도 있었다. 놀거리도 부족하고 어디 멀리 갈 일도 없었던 때의 이야기다.

  추억이라 이름 붙일 수 있는 에피소드 안에는 당시 시대적인 사건과 분위기를 떠올릴 수 있는 일들도 무수히 존재한다.

  이제 2024년 지하철을 타면서 그때의 나를 만나기도 하고 누군가에게 편지를 띄우기도 한다.

김서정 instagram @santaza_may

작가의 말 • 수이빈

 살아오면서 많은 인연이 있었다. 그중 나의 20대와 30대의 한 부분을 차지했던 서울, 그 시절 나는 사람들을 만나기 위해 끊임없이 지하철에 올라탔다. 그들과의 만남을 회상하면 자연스레 떠오르는 역이름들이 있다. 이따금 눈을 감고 그때를 떠올려보면 좋은 사람들과의 시간이 주마등처럼 스쳐 지나가기도 했고 또 스치듯 지나간 인연이 잠깐씩 아쉽기도 했다.
 이 푸릇했던 시절에 만난 이들을 빠짐없이 기억하고 싶었고 간직하고 싶었나 보다. 서울이라는 낯선 공간에서 만난 가족과 고향 친구가 주는 편안함과 유쾌함이 좋았고 또 이곳에서 새롭게 알게 된 이들에게서 느낀 설렘과 정겨움이 좋았다. 우리의 끝이 어찌 되었든 어쨌든 우린 만났었고 나는 인연이라 말하고 싶었다.
 역 이름마다 떠오르는 사람들아, 그리운 마음을 글로 담아 이렇게 띄워 보낸다. 우리 다음 역에서 한 번 더 만날 수 있을까.

작가의 말 • 온아

  서울에서의 시간을 거닐며 도시를 바라보고, 느끼고, 스쳐 지나온 배경에는 지하철역이 있었다. 그곳에서 찾은 내 삶의 단편들에서 같은 곳을 지나치며 살아가는 누군가도 공감과 교차점을 엿볼 수 있었으면 한다.

  도시를 헤매던 발걸음들 속에서 나는 성장했고, 혼자였지만 동시에 수많은 사람들과 연결되어 있음을 느꼈다. 홀로 서울에서 보낸 시간은 지나갔지만, 그 흔적은 내 안에 남아 새로운 출발점이 되었다. 이 글이 독자들에게도 삶의 조각을 되짚어보는 계기가 되었으면 한다.

  여기, 우리 각자의 삶이 지닌 고유의 조각들을 모아 한 권의 책이 되었다. 삶의 여정은 계속되고, 서울 지하철역에서 연결되는 이야기가 어디로 흘러갈지 함께 기대하며, 오늘도 새로운 역에서 발걸음을 내디딘다.

작가의 말 • 이경란

 은퇴 후 허전함을 또 다른 배움, 늘어난 모임으로 해소하려다 보니 많이 돌아다닌다. 지하철 이용이 많다. 자연스레 복장도 편안하게, 신발도 운동화 중심이다. 서 있으면 운동도 되니 굳이 앉을 자리 찾지 않는다. 많이 걸으니 몸이 가벼워진다. 지하철의 피곤한 젊은이를 마주할 땐, 그 시절 나를 떠올리며 자리에 앉지 않을 때도 있다. 내가 성숙해진 기분이다. 마음도 가벼워지려나?

 시간 여유가 생기니, 사람들이 보이고 내 모습이 보인다. 역마다의 이야깃거리가 있다. 반대 방향으로 탄 적도 있고 엉뚱한 역에 내린 적도 있다.

 이 모든 것이 내 삶의 모습이며, 나의 인생이다. 나이 탓을 하며 그대로 받아들인다.

작가의 말 • 최은수

  당신은 지하철역마다의 어떤 추억이 있을까?

  나는 도서관과 박물관 또는 카페와 칵테일 바와 같이 사색과 소통의 공간이 먼저 떠오른다. 그중에서도 좋아하는 칵테일을 주제로 소설을 썼다. 술이라는 키워드는 자극적이기 때문에 덤덤하게 써보고 싶었다.

  삶을 살다 보면 가끔 그럴 때 있지 않나? 별생각 없이 선택한 것이 인생에 생각지 못한 큰 파급효과를 주었다는 것을 느낄 때. 나는 칵테일과 글쓰기가 요즘 나에게 긍정적인 영향을 끼치는 요소다. 앞으로도 이 두 가지는 계속 즐기며 살고 싶다.

최은수 blog.naver.com/xeunxux

작가의 말 • 최훈

취업 준비생 시절, 서울 직장인이 되고 싶어서 열심히 취업을 준비했다. 처음부터 서울에서 직장을 다니지는 못했지만 나의 꿈은 곧 현실이 됐다. 삼성역에서 시작해 남부터미널까지 많은 서울 지하철역을 다니며 나의 직장 경력과 경험도 쌓였고 자연스럽게 나도 성장을 했다. 성장이라는 것이 철저한 계획과 준비를 통해 이뤄진다고 하지만 나의 하루하루를 충실히 잘 살아가는 것만이라도 나는 성장할 수 있다고 믿고 있다. 선은 무수히 많은 점들이 모여서 만들어진다. 우리의 인생도 내가 보낸 무수히 많은 하루가 모여서 만들어진다. 그렇기 때문에 나의 하루를 어떻게 보냈는지 그것을 기억하고 기록하는 일을 하다 보면 나도 모르게 뒤처지지 않고 한 걸음씩 성장하고 있다는 것을 알게 된다. 그러니 한 순간에 많은 성장을 기대하기보다는 오늘 그리고 내일 나에게 주어지는 하루를 더 충실하게 보내는 것에 집중하길 바라는 마음에 이 책을 쓰게 됐다.

최훈 instagram @wappa8392

서울, 지하철역에서 나를 만나다

1판 1쇄 발행 | 2025년 1월 15일

지은이 | 김서정, 수이빈, 온아, 이경란, 최은수, 최훈

편집.디자인 | 새벽감성
발행인 | 김지선
펴낸 곳 | 새벽감성, 새벽감성1집

출판등록 | 2016년 12월 23일 제2016-000098호
주소 | 서울 양천구 월정로50길 16-8, 1층 새벽감성1집
이메일 | dawnsense@naver.com
블로그 | blog.naver.com/dawnsense
인스타그램 | @dawnsense_1.zip

*책값은 표지에 있습니다.
*잘못된 책은 구입처에서 교환해 드립니다.
*이 책의 사진과 글의 전부 또는 일부를 발췌하거나 인용하려면
 반드시 새벽감성 출판사의 동의를 얻어야 합니다.